Bajo la Tendencia

Amelie Bonnet

Amelie Bonnet

Amelie Bonnet

Copyright Page

Indice

Entendiendo la Tendencia   7

Identificación de la Tendencia   13

El Ciclo del Mercado   20

Estrategias de Entrada en Tendencia   27

Estrategias de Salida   35

Gestión de Riesgo en Tendencia   43

Tendencias a Largo Plazo   51

Tendencias a Corto Plazo   59

Operando en Mercados Bajistas   69

El Papel del Volumen en la Tendencia   78

Psicología de la Tendencia   86

Estrategias de Trading con Tendencias   96

Análisis Fundamental y la Tendencia   105

Uso de Indicadores en la Tendencia   113

Tendencias en Diferentes Mercados   123

Errores Comunes al Operar con la Tendencia   133

Backtesting y Optimización de Estrategias   140

Construyendo un Plan de Trading Basado en la
Tendencia   147

Entendiendo la Tendencia

La tendencia es uno de los conceptos más fundamentales en el mundo del trading y la inversión. Cuando hablamos de tendencia, nos referimos a la dirección general en la que se mueve el precio de un activo a lo largo del tiempo. Así como un río sigue su curso natural hacia el mar, el mercado sigue una dirección que puede ser ascendente, descendente o, en algunos casos, lateral, cuando no se mueve significativamente en ninguna dirección. Entender la tendencia es crucial porque, como dice el dicho, "la tendencia es tu amiga". Operar a favor de la tendencia suele ser más seguro y rentable que intentar nadar contra la corriente.

Para empezar, imaginemos que estamos en un mercado de frutas. Si las manzanas, que normalmente cuestan un dólar, empiezan a subir de precio día tras día, podemos decir que hay una tendencia alcista. Más compradores están interesados en las manzanas, y eso hace que su precio suba. De manera similar, en los mercados financieros, cuando vemos que los precios de las acciones, divisas, o cualquier otro activo suben de manera constante, estamos ante una tendencia alcista. Este es el tipo de tendencia que la mayoría de los inversores busca, porque indica que hay una oportunidad para ganar dinero al comprar temprano y vender cuando el precio es aún mayor.

Por otro lado, cuando el precio de las manzanas empieza a bajar porque hay demasiadas en el mercado y no hay suficientes compradores, estamos ante una tendencia bajista. En el mundo financiero, una tendencia bajista se caracteriza por la caída constante de los precios de un activo. Aunque puede parecer una mala noticia, las tendencias bajistas también ofrecen oportunidades. Los traders más experimentados pueden vender un activo antes de que caiga más, o incluso aprovecharse de la caída a través de estrategias que se benefician de los mercados en declive.

Además de las tendencias alcistas y bajistas, hay momentos en los que los precios parecen no moverse mucho en ninguna dirección. Esto se conoce como una tendencia lateral. Es como si las manzanas, en lugar de subir o bajar de precio, permanecieran a un dólar por un tiempo prolongado. En los mercados, esto suele ocurrir cuando los inversores están indecisos sobre el futuro del precio, y hay un equilibrio entre compradores y vendedores. Aunque operar en un mercado lateral puede ser complicado, algunos traders encuentran formas de aprovechar estos períodos de consolidación para hacer pequeñas ganancias.

Una tendencia no se define solo por el movimiento en un día o una semana. Se requiere tiempo para identificar una tendencia real. Por ejemplo, un incremento de precios durante un día podría no significar mucho; podría ser solo una reacción temporal a una noticia o evento específico. Sin embargo, si el precio sigue subiendo durante varias semanas o meses, entonces estamos hablando de una tendencia. En general, cuanto más tiempo persista una tendencia, más fuerte y confiable se considera.

Pero, ¿por qué es tan importante entender la tendencia? Porque cuando operamos con la tendencia, estamos aumentando nuestras probabilidades de éxito. Ir en contra de la tendencia es como intentar nadar contra la corriente en un río caudaloso; puedes hacerlo, pero es agotador y arriesgado. Los traders que intentan predecir giros en el mercado, es decir, aquellos que intentan comprar justo en el punto más bajo o vender en el punto más alto, se enfrentan a una tarea difícil y muchas veces infructuosa. En cambio, aquellos que siguen la tendencia se colocan en el flujo natural del mercado, aprovechando la fuerza de la corriente para impulsar sus operaciones.

Entender la tendencia también nos ayuda a gestionar mejor nuestras emociones. Es fácil dejarse llevar por el miedo o la codicia, especialmente cuando los precios suben o bajan rápidamente. Pero si comprendemos que estamos operando dentro de una tendencia más amplia, podemos tomar decisiones más racionales y menos impulsivas. Saber que estamos alineados con la dirección general del mercado nos da la confianza para mantener nuestras posiciones o salir de ellas en el momento adecuado.

Además, operar con la tendencia nos permite planificar mejor nuestras estrategias. Si identificamos una tendencia alcista, podemos buscar oportunidades de compra en los retrocesos, es decir, en los momentos en que el precio baja temporalmente antes de continuar su camino ascendente. De manera similar, en una tendencia bajista, podemos vender o entrar en posiciones cortas durante los pequeños repuntes del precio. Estas tácticas nos ayudan a maximizar nuestras ganancias mientras minimizamos los riesgos.

En resumen, entender la tendencia es como tener una brújula en el mundo del trading. Nos indica la dirección general en la que debemos movernos y nos ayuda a tomar decisiones informadas y estratégicas. Al operar con la tendencia, no solo aprovechamos las fuerzas naturales del mercado, sino que también nos protegemos de las trampas y errores que cometen aquellos que intentan ir contra la corriente. Con esta comprensión básica, estamos mejor equipados para explorar las diferentes estrategias y herramientas que nos permitirán operar de manera exitosa en cualquier mercado.

7

Identificación de la Tendencia

Identificar la tendencia en un mercado es una de las habilidades más importantes que cualquier trader o inversor puede desarrollar. La tendencia es, en esencia, la dirección en la que se mueve el mercado en un período de tiempo específico. Saber si los precios están subiendo, bajando o manteniéndose estables es crucial para tomar decisiones informadas sobre cuándo comprar, vender o mantener un activo. Pero, aunque parece sencillo, identificar la tendencia puede ser un desafío, especialmente en mercados volátiles donde los precios pueden fluctuar rápidamente. Afortunadamente, existen herramientas y métodos que nos ayudan a desenredar el aparente caos y a descubrir la verdadera dirección en la que se mueve el mercado.

Uno de los primeros pasos para identificar una tendencia es observar los gráficos de precios. Estos gráficos son representaciones visuales del movimiento de los precios a lo largo del tiempo y son esenciales para cualquier trader. La clave aquí es prestar atención a los máximos y mínimos que se forman en el gráfico. Si los precios están haciendo máximos más altos y mínimos más altos, estamos ante una tendencia alcista. En otras palabras, si cada nueva cima que alcanza el precio es más alta que la anterior, y cada valle es también más alto que el anterior, el mercado está subiendo. Por el contrario, si los precios están haciendo máximos más bajos y mínimos más bajos, estamos ante una tendencia bajista. En este caso, el mercado está en declive, y es probable que los precios continúen bajando. Identificar estos patrones de máximos y mínimos es una forma básica pero efectiva de detectar la dirección general del mercado.

Además de los máximos y mínimos, las líneas de tendencia son otra herramienta útil para identificar la dirección del mercado. Una línea de tendencia es una línea recta que conecta dos o más puntos en un gráfico y que ayuda a visualizar la dirección en la que se mueve el mercado. Si trazamos una línea que conecta varios mínimos crecientes, obtenemos una línea de tendencia alcista, que nos muestra que el mercado está subiendo. Si la línea conecta varios máximos decrecientes, estamos ante una línea de tendencia bajista, que indica que el mercado está cayendo. Las líneas de tendencia no solo nos ayudan a identificar la dirección, sino que también nos proporcionan niveles clave de soporte y resistencia, que son puntos en los que es probable que el precio reaccione.

Otra herramienta importante en la identificación de tendencias son las medias móviles. Las medias móviles son indicadores que suavizan el movimiento de los precios al promediar un número específico de precios pasados. La idea es filtrar el "ruido" del mercado, es decir, las pequeñas fluctuaciones que pueden distraernos de la verdadera tendencia. Una media móvil de 50 días, por ejemplo, toma el precio promedio de los últimos 50 días y lo traza en un gráfico. Si el precio actual está por encima de la media móvil, eso sugiere que estamos en una tendencia alcista. Si está por debajo, es probable que estemos en una tendencia bajista. Las medias móviles no solo nos ayudan a confirmar la tendencia, sino que también pueden actuar como puntos de soporte y resistencia dinámicos, lo que significa que el precio podría rebotar en estas líneas antes de continuar en su dirección actual.

Pero la identificación de la tendencia no siempre es tan sencilla como parece. En ocasiones, el mercado puede moverse de manera lateral, es decir, sin una dirección clara. Esto ocurre cuando los precios fluctúan en un rango estrecho, sin hacer nuevos máximos o mínimos significativos. En estos casos, los traders suelen decir que el mercado está "consolidándose" o "en rango". Identificar una tendencia lateral es crucial porque nos advierte que es mejor esperar a que el mercado elija una dirección antes de tomar decisiones importantes. En un mercado lateral, las estrategias basadas en tendencias pueden no ser efectivas, y es mejor adoptar un enfoque más conservador.

Además de los métodos tradicionales como los gráficos y las medias móviles, existen otros indicadores técnicos que pueden ayudarnos a identificar la tendencia. Por ejemplo, el Índice de Fuerza Relativa (RSI) es un indicador que mide la velocidad y el cambio de los movimientos de precios. Un RSI por encima de 70 puede indicar que el mercado está sobrecomprado y que podría revertir su dirección a la baja. Un RSI por debajo de 30, por otro lado, sugiere que el mercado está sobrevendido y podría estar listo para subir. Aunque el RSI no es una herramienta de identificación de tendencia por sí misma, puede complementar nuestro análisis al alertarnos sobre posibles cambios en la dirección del mercado.

También es importante mencionar que la identificación de la tendencia no debe basarse únicamente en una herramienta o indicador. El análisis técnico es más efectivo cuando se combinan múltiples enfoques. Por ejemplo, si observamos un gráfico en el que el precio está por encima de la media móvil de 50 días, vemos una serie de máximos y mínimos crecientes, y el RSI está en un nivel moderado, podemos tener más confianza en que estamos en una tendencia alcista. De manera similar, si varios indicadores sugieren una tendencia bajista, es más probable que esa tendencia sea válida.

Sin embargo, incluso con las mejores herramientas y técnicas, siempre existe el riesgo de que la tendencia cambie de manera inesperada. Los mercados pueden ser influenciados por una variedad de factores, como noticias económicas, eventos geopolíticos o cambios en la política monetaria. Por eso, es importante estar siempre atentos y ser flexibles en nuestra estrategia. Si bien identificar la tendencia es fundamental, también debemos estar preparados para adaptarnos si la situación cambia.

En resumen, identificar la tendencia en un mercado es como leer un mapa en un viaje. Nos muestra la dirección en la que nos dirigimos y nos ayuda a evitar caminos equivocados. Al observar los máximos y mínimos, trazar líneas de tendencia, usar medias móviles e indicadores como el RSI, podemos desentrañar la verdadera dirección del mercado y tomar decisiones más informadas. Y aunque el mercado puede ser impredecible, con las herramientas adecuadas y un enfoque cuidadoso, podemos navegar con confianza, sabiendo que estamos operando en la dirección correcta.

El Ciclo del Mercado

El mercado, al igual que la naturaleza, sigue un ciclo. Así como las estaciones cambian de la primavera al verano, luego al otoño y finalmente al invierno, los mercados financieros también pasan por diferentes fases que, cuando se entienden bien, pueden ayudarnos a navegar de manera más efectiva y rentable. Este ciclo del mercado es un patrón recurrente que refleja el comportamiento de los inversores y las condiciones económicas en un momento dado. Aprender a identificar en qué fase del ciclo nos encontramos es esencial para tomar decisiones informadas y evitar errores costosos.

El ciclo del mercado se divide generalmente en cuatro fases principales: acumulación, tendencia alcista, distribución y tendencia bajista. Cada una de estas fases tiene características únicas y, como traders o inversores, nuestro objetivo es reconocerlas para actuar de manera adecuada.

La primera fase del ciclo del mercado es la acumulación. Esta fase ocurre después de que los precios han tocado fondo, generalmente tras una tendencia bajista significativa o un período de gran pesimismo en el mercado. Durante la fase de acumulación, los inversores más astutos, aquellos que entienden que el mercado ya ha descontado gran parte de las malas noticias, comienzan a comprar activos a precios bajos. Esta es una fase de consolidación, donde los precios no se mueven mucho y la mayoría de los participantes del mercado aún están recelosos. Sin embargo, es en este momento cuando las mejores oportunidades de compra suelen aparecer, porque los precios son bajos y hay menos competencia por los activos.

A medida que más inversores empiezan a notar que los precios ya no están cayendo y que, de hecho, comienzan a subir lentamente, entramos en la segunda fase del ciclo: la tendencia alcista. En esta fase, el optimismo comienza a regresar al mercado. Los precios suben de manera constante y la confianza de los inversores se fortalece. Los medios de comunicación comienzan a informar sobre las ganancias y sobre cómo "el mercado está de vuelta", lo que atrae a más personas a invertir. Es un período de crecimiento y expansión, donde las oportunidades de ganar dinero son abundantes, especialmente para aquellos que entraron al principio de la tendencia. Esta fase puede durar meses o incluso años, y es donde se pueden obtener las mayores ganancias si se sigue la tendencia y se invierte de manera inteligente.

Eventualmente, llegamos a la tercera fase del ciclo del mercado, conocida como la fase de distribución. Aquí, los precios alcanzan niveles altos y se estabilizan. Después de un período prolongado de subida, los inversores más experimentados empiezan a vender sus activos para asegurar sus ganancias. Aunque los precios aún pueden subir, el ritmo es más lento y los primeros signos de fatiga comienzan a aparecer. Los indicadores técnicos pueden mostrar señales de sobrecompra, y algunos inversores empiezan a preocuparse por la sostenibilidad de la tendencia alcista. Esta es una fase crítica porque, aunque el mercado todavía parece fuerte, las bases que lo sostienen están empezando a debilitarse. Los inversores inteligentes comienzan a reducir sus posiciones y a prepararse para lo que vendrá después.

Finalmente, el ciclo del mercado entra en la fase de tendencia bajista. Esta es la etapa en la que el pesimismo se instala y los precios comienzan a caer de manera más pronunciada. Las noticias se vuelven negativas, los inversores entran en pánico y muchos intentan vender sus activos antes de que los precios caigan aún más. A medida que más personas venden, los precios siguen bajando, creando un efecto dominó. Es en esta fase donde la mayoría de las pérdidas se producen, especialmente para aquellos que compraron cerca de la cima de la tendencia alcista. Sin embargo, también es en esta fase donde se preparan las semillas para la siguiente fase de acumulación, y donde los inversores más pacientes y estratégicos comienzan a buscar nuevas oportunidades de compra a precios reducidos.

Entender estas cuatro fases del ciclo del mercado es fundamental para cualquier trader o inversor que quiera tener éxito a largo plazo. Cada fase ofrece diferentes oportunidades y desafíos, y adaptarse a la fase en la que nos encontramos es clave para maximizar las ganancias y minimizar las pérdidas. Por ejemplo, en la fase de acumulación, es prudente buscar comprar activos infravalorados. Durante la tendencia alcista, es el momento de mantener esas inversiones y quizás añadir más a medida que el mercado sube. En la fase de distribución, es hora de pensar en asegurar ganancias y reducir riesgos. Y en la tendencia bajista, el enfoque debería estar en proteger el capital y esperar señales de que el ciclo está cerca de comenzar de nuevo.

Además, es importante recordar que el ciclo del mercado no es un reloj preciso. Las fases no tienen una duración fija y pueden variar significativamente en duración e intensidad. Algunos ciclos pueden ser cortos y rápidos, mientras que otros pueden prolongarse durante años. Esta variabilidad es lo que hace que el mercado sea tan fascinante y, a veces, tan frustrante. No hay garantías, pero al comprender el ciclo del mercado, podemos estar mejor preparados para tomar decisiones inteligentes y bien informadas.

Otra cosa a considerar es que diferentes activos pueden estar en diferentes fases del ciclo al mismo tiempo. Por ejemplo, mientras que el mercado de acciones en general podría estar en una fase de tendencia alcista, ciertos sectores o industrias podrían estar en una fase de acumulación o distribución. Esto significa que es importante analizar no solo el mercado en su conjunto, sino también los sectores específicos y los activos individuales en los que estamos interesados.

En resumen, el ciclo del mercado es como las estaciones del año, siempre en movimiento y siempre cambiando. Al entender en qué fase nos encontramos, podemos ajustar nuestras estrategias de inversión para aprovechar al máximo las oportunidades que cada fase ofrece. Saber cuándo comprar, cuándo mantener y cuándo vender es la clave para navegar con éxito en los mercados financieros y para construir un portafolio sólido y rentable a lo largo del tiempo. Como traders o inversores, debemos aprender a respetar el ciclo del mercado, porque aunque no podemos controlarlo, sí podemos aprender a anticiparlo y a aprovechar sus movimientos para nuestro beneficio.

Estrategias de Entrada en Tendencia

Entrar en una tendencia puede ser una de las decisiones más importantes que un trader o inversor tome. Identificar la tendencia es crucial, pero saber cuándo y cómo entrar en ella puede marcar la diferencia entre una operación exitosa y una que acaba en pérdidas. Las estrategias de entrada en tendencia están diseñadas para maximizar las probabilidades de éxito al unirse al movimiento del mercado en el momento adecuado. En este capítulo, exploraremos algunas de las estrategias más efectivas para entrar en una tendencia, utilizando un lenguaje sencillo y directo para que cualquier persona, independientemente de su experiencia en trading, pueda aplicarlas con confianza.

Primero, es fundamental entender que una tendencia no es un camino recto. Incluso en una fuerte tendencia alcista, habrá momentos en los que el precio retroceda, es decir, caiga temporalmente antes de continuar subiendo. Estos retrocesos son normales y forman parte del ciclo natural del mercado. De hecho, uno de los mejores momentos para entrar en una tendencia es durante uno de estos retrocesos.

Comprar en un retroceso dentro de una tendencia alcista o vender en un retroceso dentro de una tendencia bajista nos permite entrar en el mercado a un mejor precio, lo que aumenta nuestras probabilidades de éxito.

Una de las estrategias más populares para entrar en una tendencia es la estrategia de "compra en el retroceso". Esta estrategia implica esperar a que el precio caiga dentro de una tendencia alcista antes de comprar. La idea es que el retroceso es solo una pausa temporal en la tendencia, y que el precio pronto reanudará su camino ascendente. Para identificar el mejor momento para entrar, muchos traders utilizan herramientas como las medias móviles. Por ejemplo, si el precio cae hacia una media móvil clave, como la de 50 días, y luego comienza a subir de nuevo, esto puede ser una señal de que el retroceso ha terminado y la tendencia alcista está lista para continuar. Al entrar en el mercado en este punto, estamos comprando a un precio más bajo dentro de una tendencia que ya hemos identificado como alcista, lo que nos ofrece una ventaja.

Otra estrategia común es la "ruptura de tendencia". Esta estrategia se basa en identificar niveles clave de soporte o resistencia y esperar a que el precio los rompa. En una tendencia alcista, un nivel de resistencia es un punto donde el precio ha tenido dificultades para superar en el pasado. Cuando el precio finalmente rompe por encima de este nivel, puede ser una señal de que la tendencia alcista está ganando fuerza y es un buen momento para entrar. Del mismo modo, en una tendencia bajista, un nivel de soporte es un punto donde el precio ha encontrado apoyo en el pasado. Si el precio rompe por debajo de este nivel, puede ser una señal de que la tendencia bajista se está acelerando y es un buen momento para vender o abrir una posición corta. La ruptura de estos niveles clave suele estar acompañada de un aumento en el volumen de operaciones, lo que refuerza la validez de la señal.

Una variación interesante de la estrategia de ruptura es la "ruptura y retesteo". En esta estrategia, en lugar de entrar inmediatamente después de la ruptura, esperamos a que el precio vuelva a retestear el nivel roto. Por ejemplo, si en una tendencia alcista el precio rompe por encima de un nivel de resistencia, podríamos esperar a que el precio caiga de nuevo y retestee ese nivel, que ahora actúa como soporte. Si el precio rebota en este nuevo soporte y comienza a subir nuevamente, es una señal de que la tendencia es fuerte y que es un buen momento para entrar. Esta estrategia es más conservadora que una ruptura directa, pero ofrece mayor confirmación y reduce el riesgo de una falsa ruptura, que es cuando el precio rompe un nivel solo para revertir rápidamente y moverse en la dirección opuesta.

También es importante mencionar la estrategia del "patrón de continuación". Los patrones de continuación, como las banderas, los triángulos y los rectángulos, son formaciones que se desarrollan durante una tendencia y que suelen indicar que la tendencia está tomando una pausa antes de continuar en la misma dirección. Por ejemplo, una bandera alcista se forma cuando el precio se mueve lateralmente o ligeramente hacia abajo durante una tendencia alcista. Este patrón se parece a una bandera ondeando en el viento y sugiere que, después de esta pausa, el precio probablemente continuará subiendo. La estrategia aquí es esperar a que el precio rompa por encima del patrón de bandera para entrar en la tendencia. Los patrones de continuación son útiles porque nos proporcionan puntos de entrada claros y bien definidos, lo que nos permite planificar nuestras operaciones con mayor precisión.

Además de estas estrategias basadas en el análisis técnico, también es posible utilizar indicadores técnicos para ayudar a identificar puntos de entrada en una tendencia. Uno de los indicadores más populares es el RSI (Índice de Fuerza Relativa). El RSI mide la velocidad y el cambio de los movimientos de precios y puede ayudarnos a identificar condiciones de sobrecompra o sobreventa. En una tendencia alcista, un RSI que cae por debajo de 30 podría indicar que el precio está sobrevendido y que es un buen momento para comprar. En una tendencia bajista, un RSI por encima de 70 podría sugerir que el precio está sobrecomprado y que es un buen momento para vender. Utilizar el RSI junto con otras herramientas y estrategias puede proporcionar una confirmación adicional y ayudar a filtrar las señales falsas.

A pesar de la eficacia de estas estrategias, es crucial recordar que ninguna estrategia es infalible. El mercado es impredecible y siempre existe el riesgo de que una tendencia se revierta o que una señal sea falsa. Por eso, es fundamental utilizar estrategias de gestión de riesgos, como establecer stop-loss (niveles predeterminados donde cerramos una operación si el mercado se mueve en nuestra contra) y ajustar el tamaño de nuestra posición en función del riesgo que estamos dispuestos a asumir. Al combinar una estrategia de entrada sólida con una buena gestión del riesgo, podemos proteger nuestro capital y aumentar nuestras posibilidades de éxito a largo plazo.

En resumen, las estrategias de entrada en tendencia son herramientas esenciales para cualquier trader o inversor que quiera aprovechar el movimiento del mercado de manera efectiva. Ya sea comprando en un retroceso, aprovechando una ruptura o utilizando patrones de continuación, el objetivo es siempre el mismo: entrar en el mercado en el momento adecuado para maximizar nuestras ganancias y minimizar nuestras pérdidas. Al aplicar estas estrategias con disciplina y cuidado, podemos aprovechar la fuerza de la tendencia y posicionarnos para el éxito en cualquier condición de mercado.

Estrategias de Salida

Saber cuándo salir de una operación es tan importante, o quizás incluso más, que saber cuándo entrar. Las estrategias de salida determinan cuánto de nuestras ganancias mantenemos y cuánto de nuestras pérdidas limitamos. De hecho, muchos traders coinciden en que las ganancias no se realizan hasta que cierras una posición. Las estrategias de salida son esenciales para proteger tu capital y asegurar que tomas las decisiones correctas en los momentos adecuados. En este capítulo, exploraremos varias estrategias de salida que pueden ayudarte a maximizar tus beneficios y minimizar tus riesgos en el mercado.

Primero, hablemos de la estrategia de salida basada en objetivos de precio. Esta es una de las formas más directas y comunes de cerrar una operación. Cuando entras en una tendencia, deberías tener una idea clara de hasta dónde crees que el precio podría llegar. Este objetivo de precio se puede establecer utilizando análisis técnico, como niveles de resistencia o patrones previos en el gráfico. Por ejemplo, si compras una acción que está en tendencia alcista y crees que podría alcanzar un cierto nivel basado en la historia pasada del precio o en proyecciones técnicas, ese nivel se convierte en tu objetivo de precio. Una vez que el precio alcanza este objetivo, vendes tu posición y aseguras tus ganancias.

Otra estrategia popular es el uso de trailing stops, o paradas dinámicas. Un trailing stop es un tipo de stop-loss que se mueve con el precio a medida que la tendencia avanza. Por ejemplo, si compras una acción a $100 y configuras un trailing stop con una distancia de $5, tu stop-loss inicial se colocará a $95. Si el precio sube a $110, tu trailing stop también subirá a $105, siempre manteniendo esa distancia de $5 del precio actual. La belleza del trailing stop es que permite que tu operación siga aprovechando la tendencia mientras limita las pérdidas si el mercado se da la vuelta. En lugar de cerrar la operación prematuramente, el trailing stop te permite mantener la posición abierta el mayor tiempo posible mientras el precio sigue moviéndose a tu favor.

La estrategia de salida escalonada es otra herramienta valiosa para maximizar ganancias.

En lugar de cerrar toda tu posición de una sola vez, con la salida escalonada vendes porciones de tu posición en diferentes puntos del camino. Por ejemplo, si tienes 100 acciones y el precio ha subido un 10%, podrías vender 50 acciones y mantener las otras 50. Si el precio sube otro 10%, podrías vender otras 25, y así sucesivamente. Esta estrategia te permite asegurar parte de tus ganancias mientras sigues expuesto al potencial de más beneficios si la tendencia continúa. Además, reduce el riesgo de salir demasiado pronto y perder una parte significativa del movimiento de la tendencia.

También está la estrategia de salida basada en indicadores técnicos. Algunos traders confían en indicadores específicos para señalar cuándo una tendencia podría estar a punto de revertirse. Por ejemplo, el RSI (Índice de Fuerza Relativa) es un indicador que puede mostrar cuándo un activo está sobrecomprado o sobrevendido. Si has estado en una tendencia alcista y el RSI sube por encima de 70, podría ser una señal de que el mercado está sobrecomprado y que podrías considerar cerrar tu posición antes de que ocurra una corrección.

Otro indicador útil es el MACD (Moving Average Convergence Divergence), que muestra la relación entre dos medias móviles. Un cruce bajista en el MACD podría indicar que la tendencia alcista está perdiendo fuerza y que es hora de salir.

Por supuesto, no podemos hablar de estrategias de salida sin mencionar la importancia de los stop-loss. Un stop-loss es una orden que colocas para salir automáticamente de una posición si el precio se mueve en tu contra. Esto te ayuda a limitar tus pérdidas y proteger tu capital. Es esencial establecer un stop-loss al momento de abrir una operación para evitar que las emociones te dominen si el mercado se vuelve en tu contra. Un buen stop-loss debería colocarse en un nivel que represente un riesgo aceptable para ti, pero no tan cerca del precio actual que se active por fluctuaciones menores del mercado. Si estás en una tendencia alcista, podrías colocar tu stop-loss justo por debajo de un nivel de soporte clave, asegurándote de que saldrás de la operación si el mercado se rompe en dirección contraria.

Otra técnica interesante es la de la salida en tiempo. A veces, en lugar de esperar a que el precio alcance un objetivo específico o que se active un stop-loss, puedes decidir salir de una operación después de un período de tiempo predeterminado. Por ejemplo, si una operación no ha alcanzado tu objetivo de precio en una semana o un mes, podrías decidir cerrarla independientemente de dónde esté el precio en ese momento. Esta estrategia es útil en mercados que están en rango o cuando la tendencia está perdiendo impulso, evitando que quedes atrapado en una operación indefinidamente sin obtener resultados.

Además, es vital no dejarse llevar por las emociones. Una de las mayores dificultades para los traders es la tendencia a volverse codiciosos cuando están ganando o temerosos cuando están perdiendo. La codicia puede hacer que permanezcas en una operación mucho más tiempo del necesario, esperando siempre un poco más de ganancia y arriesgando así perder lo que ya has ganado. Por otro lado, el miedo puede llevarte a salir demasiado pronto de una operación por temor a perder lo que ya has logrado, limitando así tu potencial de ganancias. Por eso, es esencial establecer tus estrategias de salida antes de entrar en una operación y adherirte a ellas, sin importar lo que sientas en ese momento.

Finalmente, una estrategia de salida clave es la revaluación constante de la tendencia. No debes simplemente establecer una estrategia y olvidarte de ella. A medida que avanza el mercado, debes seguir evaluando si la tendencia que estás siguiendo sigue siendo válida. Esto incluye revisar las noticias del mercado, los fundamentos económicos y las condiciones técnicas. Si ves señales de que la tendencia está cambiando, debes estar dispuesto a ajustar tu estrategia de salida en consecuencia. Esto puede significar mover tu stop-loss más cerca del precio actual, reducir el tamaño de tu posición o incluso cerrar la operación por completo si crees que la tendencia ha terminado.

En resumen, las estrategias de salida son una parte fundamental de cualquier plan de trading o inversión. Ya sea que utilices objetivos de precio, trailing stops, salidas escalonadas, indicadores técnicos o stop-loss, lo importante es que tengas un plan claro y que lo sigas con disciplina. Salir de una operación en el momento adecuado puede marcar la diferencia entre el éxito y el fracaso en el mercado. Así que dedica tiempo a desarrollar tus estrategias de salida y asegúrate de implementarlas con cuidado en cada una de tus operaciones. Recuerda que no se trata solo de cuánto ganas, sino de cuánto puedes conservar al final del día.

Gestión de Riesgo en Tendencia

La gestión de riesgo es uno de los pilares fundamentales para el éxito en el trading, y aún más cuando se trata de operar en una tendencia. Es emocionante detectar una tendencia y ver cómo los precios se mueven en la dirección que esperabas, pero sin una adecuada gestión del riesgo, incluso la mejor de las tendencias puede convertirse en una trampa. Este capítulo se centra en cómo gestionar el riesgo de manera efectiva mientras sigues una tendencia, asegurándote de que proteges tu capital y maximizas tus oportunidades de obtener ganancias de manera segura.

Cuando hablamos de gestión de riesgo, nos referimos a la estrategia que utilizas para protegerte de pérdidas excesivas. No importa cuán seguro estés de que una tendencia continuará, el mercado puede ser impredecible, y siempre existe la posibilidad de que las cosas no salgan como esperabas. Por eso, lo primero y más importante que debes hacer es determinar cuánto estás dispuesto a arriesgar en cada operación. Este es el concepto de "riesgo por operación", y es fundamental establecerlo antes de entrar en cualquier trade.

Una regla general utilizada por muchos traders es no arriesgar más del 1% al 2% de tu capital total en una sola operación. Esto significa que, si tienes $10,000 en tu cuenta de trading, no deberías estar dispuesto a perder más de $100 a $200 en cualquier operación. Esta estrategia te protege de sufrir pérdidas devastadoras que podrían acabar rápidamente con tu cuenta. Además, al limitar el riesgo por operación, te das la oportunidad de mantenerte en el juego durante más tiempo, permitiéndote aprender y adaptarte con cada operación.

Una herramienta esencial para gestionar el riesgo en una tendencia es el uso de un stop-loss. Un stop-loss es una orden que le das a tu plataforma de trading para cerrar automáticamente una posición si el mercado se mueve en tu contra hasta un cierto punto. Esto te permite limitar tus pérdidas sin tener que vigilar constantemente el mercado. Imagina que compras una acción a $50 y decides que no quieres perder más de $5 por acción. Colocas un stop-loss a $45. Si el precio cae a $45, tu operación se cerrará automáticamente, protegiéndote de mayores pérdidas. Sin un stop-loss, podrías verte atrapado en una tendencia que de repente se invierte, llevando el precio mucho más abajo de lo que esperabas.

Pero colocar un stop-loss no es tan simple como elegir un número al azar. Es importante colocarlo en un nivel lógico que tenga sentido en función del comportamiento del mercado. Si tu stop-loss está demasiado cerca del precio actual, podrías salir de la operación debido a fluctuaciones normales del mercado, perdiendo así la oportunidad de beneficiarte de la tendencia. Por otro lado, si lo colocas demasiado lejos, corres el riesgo de perder más de lo que te sientes cómodo. Por lo tanto, al establecer un stop-loss, deberías considerar factores como los niveles de soporte y resistencia, la volatilidad del activo y tu propio nivel de tolerancia al riesgo.

Otra estrategia crucial en la gestión del riesgo es el uso del tamaño de la posición. Esto se refiere a cuántas unidades de un activo compras o vendes en una operación. El tamaño de la posición debe estar directamente relacionado con el riesgo por operación y el tamaño de tu stop-loss. Supongamos que estás dispuesto a arriesgar $100 en una operación y que has determinado que tu stop-loss debe estar a $2 por debajo del precio de entrada. En este caso, podrías comprar 50 unidades del activo ($100 dividido por $2). Si el precio cae y tu stop-loss se activa, perderás $100, que es el monto que originalmente decidiste arriesgar. Este enfoque asegura que tu riesgo esté bajo control y alineado con tu estrategia general.

La diversificación también juega un papel clave en la gestión del riesgo. Aunque es tentador poner todo tu capital en una sola tendencia que parece prometedora, es mucho más seguro diversificar tus inversiones en diferentes activos o mercados. La idea aquí es no poner todos tus huevos en una sola canasta. Si una de tus inversiones no va bien, las otras podrían ayudarte a compensar las pérdidas. Por ejemplo, si estás siguiendo tendencias en el mercado de acciones, podrías diversificar invirtiendo también en bonos, materias primas o divisas. De esta manera, reduces el impacto de un movimiento adverso en un solo mercado y aumentas tus posibilidades de mantener un rendimiento constante a lo largo del tiempo.

Además, es esencial tener en cuenta el concepto de "gestión de la expectativa". A veces, la tendencia no se comporta como esperabas, y es fácil dejarse llevar por la frustración o la esperanza de que el mercado se revierta a tu favor. Sin embargo, la gestión del riesgo implica ser disciplinado y saber cuándo aceptar una pérdida. Si el mercado te dice que la tendencia ha cambiado, es mejor salir con una pequeña pérdida que mantenerte en una posición que podría terminar siendo mucho más costosa. La disciplina y la capacidad de aceptar una pequeña pérdida como parte del proceso son características clave de los traders exitosos.

Otra parte importante de la gestión del riesgo es ajustar tu estrategia en función del rendimiento del mercado. No todas las tendencias son iguales, y algunas pueden ser más volátiles o inciertas que otras. Si notas que una tendencia se está volviendo más volátil, podrías considerar reducir el tamaño de tu posición o ajustar tu stop-loss para protegerte mejor. Por otro lado, si ves que una tendencia se está fortaleciendo y las señales del mercado son positivas, podrías decidir aumentar ligeramente tu exposición, pero siempre de manera controlada y consciente de los riesgos.

El uso de trailing stops, que mencionamos en el capítulo anterior, también es una excelente manera de gestionar el riesgo durante una tendencia. Un trailing stop se mueve con el precio a medida que la tendencia avanza, lo que significa que puedes seguir protegiendo tus ganancias mientras permites que la operación siga abierta. Si el precio comienza a retroceder, el trailing stop se activará, cerrando tu posición y asegurando las ganancias que ya has acumulado. Esta estrategia es especialmente útil en tendencias fuertes, donde el precio puede moverse significativamente antes de mostrar señales de reversión.

Finalmente, es importante recordar que la gestión del riesgo no es solo una serie de reglas técnicas, sino también una cuestión de mentalidad. El trading puede ser emocionalmente agotador, especialmente cuando las cosas no salen como planeaste. Mantener una actitud disciplinada y evitar decisiones impulsivas es crucial para proteger tu capital. La gestión del riesgo es, en última instancia, una forma de asegurarte de que puedes seguir participando en el mercado a largo plazo, incluso cuando las condiciones no son ideales.

En resumen, la gestión del riesgo en una tendencia es un componente esencial para cualquier trader que busque tener éxito en el mercado. Al establecer un riesgo por operación, utilizar stop-losses de manera inteligente, ajustar el tamaño de tu posición y diversificar tus inversiones, puedes protegerte de pérdidas significativas y aumentar tus posibilidades de éxito. Recuerda que el objetivo no es eliminar completamente el riesgo, lo cual es imposible, sino gestionarlo de manera efectiva para que puedas seguir operando y creciendo como trader, sin importar las condiciones del mercado.

Tendencias a Largo Plazo

Cuando pensamos en el trading y la inversión, a menudo nos enfocamos en los movimientos diarios o semanales del mercado, buscando aprovechar cada pequeña oportunidad para obtener ganancias rápidas. Sin embargo, existe otro enfoque que puede ser igualmente, o incluso más, rentable a largo plazo: las tendencias a largo plazo. Este tipo de tendencias se desarrollan a lo largo de meses, e incluso años, y aunque requieren paciencia, pueden ofrecer recompensas significativas para quienes saben cómo identificarlas y seguirlas.

Las tendencias a largo plazo son como corrientes profundas en un río. Mientras que los movimientos diarios del mercado pueden ser comparados con las olas en la superficie, las tendencias a largo plazo representan la dirección general en la que fluye el mercado durante un período extendido. Estas tendencias están impulsadas por factores fundamentales, como cambios económicos, avances tecnológicos, políticas gubernamentales o cambios en la sociedad. Por ejemplo, la tendencia global hacia la digitalización y el comercio electrónico es un claro ejemplo de una tendencia a largo plazo que ha transformado industrias enteras.

Identificar una tendencia a largo plazo requiere un enfoque diferente al que se utiliza para identificar tendencias a corto plazo. Mientras que en el corto plazo los traders suelen depender de indicadores técnicos y análisis de gráficos para tomar decisiones rápidas, en las tendencias a largo plazo es fundamental considerar los factores fundamentales y las grandes fuerzas que están en juego. Esto puede incluir estudiar informes económicos, seguir las decisiones de política monetaria, analizar los patrones de consumo global, o incluso observar cambios demográficos. Por ejemplo, el envejecimiento de la población en muchos países desarrollados ha sido un factor clave en la tendencia a largo plazo hacia un mayor gasto en atención médica y servicios relacionados con la salud.

Una vez que se identifica una tendencia a largo plazo, el siguiente paso es determinar cómo aprovecharla. En muchos casos, esto puede significar invertir en empresas o sectores que se beneficiarán de esta tendencia en los próximos años. Por ejemplo, si crees que la transición hacia la energía verde es una tendencia a largo plazo, podrías considerar invertir en empresas de energía solar, eólica o en tecnología de baterías. La clave aquí es seleccionar inversiones que estén bien posicionadas para crecer a medida que la tendencia se desarrolla.

Es importante destacar que las tendencias a largo plazo no son inmunes a las fluctuaciones del mercado a corto plazo. De hecho, a lo largo de una tendencia a largo plazo, es probable que enfrentes altibajos significativos. Es en estos momentos cuando la paciencia y la convicción se vuelven cruciales. Muchos inversores caen en la trampa de abandonar una posición durante una corrección del mercado, solo para ver cómo la tendencia continúa a su favor después de que han salido. La capacidad de mantener una posición a través de la volatilidad a corto plazo, siempre que los fundamentos a largo plazo sigan siendo sólidos, es una habilidad esencial para aprovechar las tendencias a largo plazo.

Uno de los mayores desafíos al seguir una tendencia a largo plazo es la tentación de reaccionar a las noticias a corto plazo. Los titulares diarios pueden ser alarmantes, y es fácil dejarse llevar por el pánico cuando el mercado cae o por la euforia cuando sube. Sin embargo, las tendencias a largo plazo requieren una visión a largo plazo. Es importante recordar que el mercado puede fluctuar de manera significativa, pero si los fundamentos de la tendencia siguen intactos, es probable que el mercado vuelva a alinearse con la dirección general en el tiempo.

Otro aspecto crucial de las tendencias a largo plazo es la diversificación. Incluso cuando has identificado una tendencia clara, es importante no poner todos tus recursos en un solo activo o sector. La diversificación te permite gestionar el riesgo mientras te beneficias de la tendencia. Por ejemplo, si estás convencido de que la automatización es una tendencia a largo plazo, podrías invertir en una combinación de empresas de robótica, inteligencia artificial, y software especializado, en lugar de concentrar toda tu inversión en una sola empresa. Esto no solo te protege si una empresa específica no cumple con las expectativas, sino que también te da la oportunidad de aprovechar diferentes aspectos de la tendencia.

Además, es importante tener en cuenta que las tendencias a largo plazo pueden evolucionar con el tiempo. Lo que comienza como una tendencia prometedora puede desvanecerse o cambiar de dirección a medida que nuevas tecnologías, regulaciones o cambios sociales entran en juego. Por esta razón, es esencial revisar y ajustar tu estrategia a medida que la tendencia avanza. Mantenerte informado sobre las noticias y los desarrollos en el sector es crucial para asegurarte de que tu inversión sigue alineada con la tendencia a largo plazo.

El enfoque en las tendencias a largo plazo también permite un tipo diferente de inversión llamada "comprar y mantener". Esta estrategia implica comprar acciones o activos con la intención de mantenerlos durante un largo período de tiempo, a menudo años, sin preocuparse demasiado por las fluctuaciones a corto plazo. Esta estrategia es especialmente efectiva en tendencias a largo plazo porque te permite aprovechar el crecimiento compuesto. A medida que las empresas crecen y reinvierten sus ganancias, el valor de tus inversiones puede aumentar de manera exponencial a lo largo del tiempo.

Sin embargo, la estrategia de comprar y mantener no es sin sus riesgos. Si bien puede ser tentador mantener una posición durante muchos años, es fundamental estar alerta a los cambios en la tendencia subyacente. Si una tendencia muestra señales claras de estar revirtiéndose o perdiendo impulso, puede ser el momento de reconsiderar tu posición. El desafío es encontrar el equilibrio entre la paciencia para mantener una posición a largo plazo y la flexibilidad para adaptarse a nuevos desarrollos en el mercado.

Finalmente, es importante destacar que las tendencias a largo plazo no son para todos. Requieren una mentalidad diferente y una tolerancia al riesgo que puede no ser adecuada para todos los inversores. Si bien las recompensas pueden ser grandes, también es posible que tengas que soportar períodos de pérdida o bajo rendimiento antes de ver los beneficios. Por esta razón, es esencial que cualquier inversión en una tendencia a largo plazo esté alineada con tus objetivos financieros, horizonte temporal y tolerancia al riesgo.

En resumen, las tendencias a largo plazo ofrecen una oportunidad poderosa para capturar ganancias significativas en los mercados. Al identificar correctamente estas tendencias y mantener la disciplina para seguirlas a lo largo del tiempo, puedes beneficiarte del crecimiento sostenido de sectores enteros y empresas líderes. Sin embargo, el éxito en las tendencias a largo plazo requiere paciencia, disciplina y una visión clara a largo plazo, siempre manteniéndote informado y listo para ajustar tu estrategia cuando sea necesario. Si puedes dominar estos elementos, estarás bien posicionado para aprovechar las oportunidades que ofrecen las tendencias a largo plazo.

Tendencias a Corto Plazo

Las tendencias a corto plazo son un fenómeno fascinante en el mundo del trading. Son como ráfagas de viento que, si se capturan en el momento adecuado, pueden llevarte rápidamente a obtener ganancias. Sin embargo, estas tendencias también pueden ser engañosas y volátiles, por lo que es crucial entender cómo funcionan y cómo manejarlas de manera efectiva. En este capítulo, exploraremos en profundidad las tendencias a corto plazo, explicando cómo identificarlas, aprovecharlas y gestionarlas, todo en un lenguaje claro y accesible.

A diferencia de las tendencias a largo plazo, que pueden durar meses o incluso años, las tendencias a corto plazo se desarrollan en un período mucho más breve, a menudo en cuestión de días, horas o incluso minutos. Estas tendencias son el resultado de movimientos rápidos en el mercado, provocados por una variedad de factores, como noticias inesperadas, eventos económicos, informes de ganancias de empresas, o simplemente cambios en el sentimiento de los inversores. Por ejemplo, un anuncio inesperado de la Reserva Federal sobre cambios en las tasas de interés puede desencadenar una tendencia a corto plazo en los mercados financieros, ya que los traders reaccionan rápidamente a la nueva información.

Para identificar una tendencia a corto plazo, es esencial estar constantemente alerta y monitorear los mercados de cerca. A menudo, las herramientas de análisis técnico son las más útiles para este tipo de trading. Indicadores como las medias móviles, el índice de fuerza relativa (RSI), las bandas de Bollinger y los patrones de velas son ampliamente utilizados para detectar cambios en la dirección del mercado. Estos indicadores pueden ayudarte a identificar puntos de entrada y salida cuando el mercado está en una fase de tendencia a corto plazo. Por ejemplo, un cruce de medias móviles puede indicar un cambio en la dirección del precio, señalando el inicio de una tendencia a corto plazo.

La volatilidad es una característica clave de las tendencias a corto plazo. A medida que el mercado reacciona a nuevas informaciones o a cambios en el sentimiento, los precios pueden moverse rápidamente, a veces en direcciones inesperadas. Esta volatilidad puede ofrecer oportunidades lucrativas para los traders que son rápidos y están bien preparados. Sin embargo, también significa que las tendencias a corto plazo pueden revertirse repentinamente, lo que hace que la gestión del riesgo sea especialmente importante. Es por eso que el uso de stop-losses es fundamental cuando se opera en tendencias a corto plazo. Un stop-loss bien colocado puede protegerte de pérdidas significativas si el mercado se mueve en tu contra.

Además, las tendencias a corto plazo requieren una mentalidad diferente a la de las tendencias a largo plazo. Mientras que en las tendencias a largo plazo se necesita paciencia y una visión a largo plazo, en las tendencias a corto plazo se requiere agilidad y una capacidad de tomar decisiones rápidas. Los traders que operan en corto plazo suelen entrar y salir de posiciones varias veces al día, a veces en cuestión de minutos. Esto requiere una vigilancia constante del mercado y la disposición para actuar de inmediato cuando se detecta una oportunidad.

La rapidez es esencial, ya que las oportunidades en las tendencias a corto plazo pueden desaparecer tan rápido como aparecen.

Es importante tener en cuenta que no todas las tendencias a corto plazo son iguales. Algunas pueden ser parte de un movimiento más amplio y sostenido, mientras que otras pueden ser simplemente fluctuaciones temporales dentro de un rango más amplio. Por lo tanto, es crucial distinguir entre una tendencia a corto plazo que vale la pena seguir y un movimiento errático del mercado que podría no tener una dirección clara. El análisis de gráficos a diferentes escalas de tiempo puede ser útil en este sentido. Por ejemplo, si estás viendo una tendencia a corto plazo en un gráfico de 5 minutos, podrías comprobar un gráfico de 1 hora para ver si el movimiento se alinea con una tendencia más amplia o si es simplemente un "ruido" del mercado.

Otro aspecto clave de las tendencias a corto plazo es la estrategia de salida. Saber cuándo salir de una posición es tan importante como saber cuándo entrar. Dado que las tendencias a corto plazo pueden revertirse rápidamente, es esencial tener un plan de salida claro desde el principio. Esto podría incluir establecer objetivos de ganancias específicos o utilizar un trailing stop para asegurar las ganancias a medida que el precio se mueve a tu favor. Un trailing stop se ajusta automáticamente a medida que el precio sube, permitiéndote capturar más ganancias mientras limita las pérdidas si el mercado se da la vuelta.

La psicología del trading también juega un papel crucial en las tendencias a corto plazo. Las emociones pueden ser intensas cuando los precios se mueven rápidamente, y es fácil caer en la trampa de tomar decisiones impulsivas basadas en el miedo o la codicia. Para tener éxito en las tendencias a corto plazo, es vital mantener la calma y seguir tu plan de trading, sin dejarte llevar por las emociones. La disciplina es clave para asegurarte de que estás tomando decisiones basadas en el análisis y no en reacciones emocionales. Esto incluye ser capaz de aceptar pequeñas pérdidas como parte del proceso, en lugar de aferrarte a una posición con la esperanza de que el mercado se revierta a tu favor.

Una estrategia común para operar en tendencias a corto plazo es el "scalping". El scalping es una técnica en la que los traders intentan obtener pequeñas ganancias de movimientos rápidos del mercado, abriendo y cerrando múltiples posiciones en un solo día. Aunque cada ganancia puede ser pequeña, la acumulación de muchas operaciones exitosas puede llevar a resultados significativos. Sin embargo, el scalping requiere una gran cantidad de concentración y habilidad para identificar oportunidades rápidamente. Además, los costos de transacción, como las comisiones, pueden acumularse rápidamente, por lo que es importante asegurarse de que las ganancias superen estos costos.

En contraste con el scalping, otra estrategia en las tendencias a corto plazo es el "day trading", donde los traders abren y cierran posiciones dentro del mismo día, pero suelen mantenerlas durante más tiempo que los scalpers. El day trading permite a los traders capturar movimientos más grandes en el mercado, a menudo aprovechando las noticias o los informes económicos que impactan el precio. Al igual que con el scalping, el éxito en el day trading requiere una vigilancia constante del mercado y la capacidad de reaccionar rápidamente a los cambios. Además, es importante tener una sólida comprensión de los factores que impulsan el mercado en el corto plazo, como los datos económicos o las declaraciones de figuras clave en el ámbito financiero.

Otra consideración importante en las tendencias a corto plazo es la liquidez del mercado. La liquidez se refiere a la facilidad con la que se pueden comprar o vender activos sin causar un cambio significativo en el precio. Los mercados con alta liquidez, como el mercado de divisas o las acciones de gran capitalización, son ideales para el trading a corto plazo, ya que permiten entrar y salir de posiciones rápidamente sin preocuparse por la falta de compradores o vendedores. En mercados con baja liquidez, las tendencias a corto plazo pueden ser más difíciles de aprovechar, ya que los precios pueden ser más volátiles y los spreads más amplios, lo que aumenta los costos de transacción.

Finalmente, es importante recordar que las tendencias a corto plazo no son para todos. Este tipo de trading puede ser estresante y requiere una dedicación significativa de tiempo y energía. Además, el trading a corto plazo puede ser más riesgoso que el trading a largo plazo, ya que los movimientos del mercado pueden ser más impredecibles y rápidos. Sin embargo, para aquellos que están dispuestos a aprender y a perfeccionar sus habilidades, las tendencias a corto plazo pueden ofrecer oportunidades lucrativas. La clave es tener una estrategia clara, gestionar el riesgo de manera efectiva, y estar preparado para adaptarse a las condiciones cambiantes del mercado.

En resumen, las tendencias a corto plazo ofrecen oportunidades emocionantes para los traders que buscan ganancias rápidas en el mercado. Con el uso adecuado de herramientas de análisis técnico, una estrategia de entrada y salida bien definida, y una sólida gestión del riesgo, es posible capitalizar estos movimientos de manera efectiva. Sin embargo, el éxito en las tendencias a corto plazo requiere disciplina, agilidad y una comprensión profunda del mercado. Si puedes dominar estos elementos, estarás en una posición fuerte para aprovechar las oportunidades que ofrecen las tendencias a corto plazo.

Operando en Mercados Bajistas

Operar en mercados bajistas es un desafío único que todos los traders enfrentan en algún momento de su carrera. Un mercado bajista se define por una tendencia general de disminución de los precios de los activos, a menudo acompañada de un sentimiento de pesimismo y miedo entre los inversores. Aunque este entorno puede parecer intimidante, también ofrece oportunidades para aquellos que están preparados y saben cómo manejar las condiciones del mercado. En este capítulo, exploraremos cómo operar en mercados bajistas, utilizando estrategias simples y efectivas que pueden ayudarte a navegar en tiempos difíciles.

Primero, es importante entender qué es un mercado bajista. Un mercado bajista generalmente se define como una caída de al menos un 20% en los precios de los activos desde su pico reciente. Estos mercados pueden durar desde unos pocos meses hasta varios años, y suelen estar impulsados por factores como la recesión económica, las crisis financieras, o los cambios negativos en las perspectivas empresariales. Durante un mercado bajista, el sentimiento general entre los inversores tiende a ser negativo, y muchas personas prefieren vender sus activos para evitar pérdidas adicionales. Sin embargo, este tipo de comportamiento puede crear oportunidades para los traders que están dispuestos a tomar un enfoque diferente.

La primera regla para operar en un mercado bajista es no entrar en pánico. Cuando los precios comienzan a caer, es fácil dejarse llevar por el miedo y vender tus activos precipitadamente. Sin embargo, la venta por pánico rara vez es una estrategia efectiva. En lugar de reaccionar impulsivamente, es importante tomar un enfoque calculado y pensar en tus movimientos. Recuerda que, aunque los precios estén cayendo, esto no significa necesariamente que debes salir del mercado. De hecho, los mercados bajistas pueden ofrecer algunas de las mejores oportunidades para comprar activos a precios reducidos, siempre y cuando estés dispuesto a mantener una visión a largo plazo.

Una estrategia clave en los mercados bajistas es la venta en corto. La venta en corto es una técnica en la que un trader toma prestados activos, los vende en el mercado abierto, y luego los recompra más tarde a un precio más bajo, obteniendo una ganancia de la diferencia de precio. Esta estrategia es particularmente útil en un mercado bajista, donde los precios están en tendencia descendente. Sin embargo, la venta en corto no está exenta de riesgos. Si el mercado se recupera repentinamente, podrías enfrentar pérdidas significativas al tener que recomprar los activos a un precio más alto del que vendiste. Por lo tanto, es crucial tener una sólida comprensión del mercado y un plan de gestión del riesgo bien definido antes de embarcarte en la venta en corto.

Otra estrategia efectiva en mercados bajistas es invertir en activos refugio. Los activos refugio son aquellos que tienden a mantener su valor o incluso aumentar durante tiempos de incertidumbre económica. Ejemplos de estos activos incluyen el oro, los bonos del gobierno, y las divisas fuertes como el dólar estadounidense. Durante un mercado bajista, muchos inversores tienden a mover su dinero a estos activos para protegerse de las caídas del mercado. Como trader, puedes aprovechar esta tendencia invirtiendo en activos refugio o utilizando productos financieros como los ETFs que siguen el rendimiento de estos activos.

Es importante también considerar la diversificación como una herramienta de supervivencia en mercados bajistas. La diversificación implica repartir tus inversiones en diferentes activos o sectores para reducir el riesgo general. En un mercado bajista, algunos sectores pueden verse más afectados que otros, por lo que tener una cartera diversificada puede ayudarte a minimizar las pérdidas. Por ejemplo, mientras que las acciones de tecnología pueden sufrir en un mercado bajista, las acciones de empresas que producen bienes de consumo básico o servicios esenciales tienden a ser más resistentes. Al diversificar tus inversiones, puedes asegurarte de que no todas tus apuestas estén en el mismo lugar, lo que te brinda mayor seguridad en tiempos difíciles.

Otra táctica útil es mantener una parte de tu cartera en efectivo. Aunque puede ser tentador estar completamente invertido en todo momento, tener efectivo disponible te permite aprovechar las oportunidades que surgen durante un mercado bajista. Cuando los precios caen significativamente, puede ser un buen momento para comprar activos que están infravalorados. Tener efectivo disponible te da la flexibilidad de actuar rápidamente y capitalizar estas oportunidades. Además, mantener efectivo te ayuda a protegerte de la volatilidad extrema, permitiéndote evitar vender activos en pérdidas durante momentos de pánico.

En un mercado bajista, la gestión del riesgo se vuelve más crucial que nunca. Dado que los precios pueden caer rápidamente y de manera inesperada, es importante tener un plan claro para limitar tus pérdidas. Una forma efectiva de hacerlo es utilizando stop-losses. Un stop-loss es una orden que se coloca en el mercado para vender un activo automáticamente si su precio cae por debajo de un nivel determinado. Esto te ayuda a limitar las pérdidas si el mercado se mueve en tu contra. Sin embargo, es importante colocar los stop-losses en niveles estratégicos que no sean demasiado cercanos al precio actual, para evitar ser "sacado" del mercado por pequeñas fluctuaciones.

Además, es fundamental estar emocionalmente preparado para los mercados bajistas. El trading en estos mercados puede ser estresante, ya que ver caer los precios día tras día puede afectar tu estado mental y llevarte a tomar decisiones impulsivas. Para tener éxito en un mercado bajista, necesitas mantener la calma y la disciplina. Esto significa seguir tu plan de trading, incluso cuando las cosas no parecen ir bien. También es útil recordar que los mercados bajistas son una parte natural del ciclo económico, y que eventualmente pasarán. Mantener una perspectiva a largo plazo puede ayudarte a superar los desafíos emocionales de operar en un mercado en declive.

Además de estas estrategias, es importante estar siempre informado y actualizado. Los mercados bajistas suelen estar acompañados de cambios rápidos y a veces inesperados en el entorno económico. Mantenerte al tanto de las noticias financieras, los informes económicos, y las decisiones políticas puede darte una ventaja significativa. Al estar informado, puedes anticipar cambios en el mercado y ajustar tu estrategia en consecuencia. Esto es especialmente importante en un mercado bajista, donde las condiciones pueden cambiar rápidamente y sin previo aviso.

Un aspecto menos discutido, pero igualmente importante, es la oportunidad de aprendizaje que presentan los mercados bajistas. Estos períodos te permiten mejorar tus habilidades como trader, ya que te obligan a pensar de manera más crítica y a tomar decisiones más calculadas. Aprovecha este tiempo para analizar tus operaciones pasadas, estudiar nuevas estrategias y fortalecer tu conocimiento del mercado. Aunque operar en un mercado bajista puede ser desafiante, también puede ser una oportunidad valiosa para crecer como trader y estar mejor preparado para el futuro.

Por último, es fundamental recordar que los mercados bajistas no duran para siempre. Aunque puede parecer que el mercado está en caída libre, la historia nos muestra que eventualmente se recuperará. Los ciclos del mercado son naturales, y después de cada mercado bajista, siempre ha habido un mercado alcista. Mantener esta perspectiva te ayudará a mantenerte enfocado y no dejarte llevar por el pánico. En lugar de ver el mercado bajista como una amenaza, intenta verlo como una oportunidad para aprender, crecer y, si se hace correctamente, generar ganancias en un entorno desafiante.

En resumen, operar en mercados bajistas requiere una combinación de estrategia, disciplina y una mentalidad calmada. Al entender las dinámicas de un mercado bajista, utilizar técnicas como la venta en corto, invertir en activos refugio, y diversificar tu cartera, puedes no solo protegerte de las pérdidas, sino también encontrar oportunidades para obtener ganancias. La clave es estar preparado, informado, y emocionalmente equilibrado, para que puedas navegar estos tiempos difíciles con confianza y éxito.

El Papel del Volumen en la Tendencia

El volumen es uno de los elementos más importantes, pero a menudo subestimado, en el análisis de las tendencias del mercado. El volumen se refiere al número total de acciones, contratos, o unidades de un activo que se compran y venden en un mercado durante un período de tiempo específico. Es, en esencia, una medida de la actividad del mercado, y puede proporcionar información valiosa sobre la fuerza y la sostenibilidad de una tendencia. En este capítulo, exploraremos el papel crucial que juega el volumen en la tendencia, cómo interpretarlo y cómo puede ayudarte a tomar decisiones más informadas y precisas al operar.

Para comenzar, es importante entender por qué el volumen es relevante. Imagina que estás en una subasta donde solo hay unos pocos postores. Los precios pueden subir, pero el verdadero interés en los artículos subastados es bajo. Ahora, imagina una subasta repleta de postores ansiosos. Aquí, cuando los precios suben, sabes que hay un fuerte interés detrás de esos aumentos. Algo similar ocurre en los mercados financieros. Cuando el precio de un activo sube o baja con un volumen alto, indica que muchos participantes del mercado están involucrados, lo que puede dar mayor credibilidad a la tendencia. En cambio, cuando los movimientos de precios se producen con un volumen bajo, puede ser una señal de que la tendencia no es tan sólida y podría revertirse.

El volumen puede actuar como un indicador de confirmación para las tendencias. Por ejemplo, si observas que el precio de una acción está subiendo y esto va acompañado de un aumento significativo en el volumen, es más probable que la tendencia alcista sea fuerte y sostenible. Esto se debe a que muchos inversores están participando en la subida, lo que refuerza la dirección del mercado. Por otro lado, si el precio está subiendo pero el volumen está disminuyendo, podría ser una señal de advertencia. En este caso, la tendencia alcista podría estar perdiendo fuerza, y el precio podría estar a punto de revertirse. En resumen, el volumen puede ayudarte a separar los movimientos de precios "legítimos" de los que podrían ser simplemente temporales.

Un concepto importante relacionado con el volumen es el de "volumen creciente" o "volumen decreciente" en una tendencia. Cuando una tendencia está respaldada por un volumen creciente, significa que más y más inversores están participando, lo que generalmente fortalece la tendencia. En una tendencia alcista, un volumen creciente sugiere que la demanda por el activo está aumentando. Esto es un buen indicio de que la tendencia continuará. Por otro lado, en una tendencia bajista, un volumen creciente indica que más inversores están vendiendo, lo que refuerza la presión hacia abajo en el precio. Si el volumen comienza a disminuir mientras la tendencia aún está en marcha, podría ser una señal de que el impulso se está desvaneciendo, lo que podría llevar a una reversión.

El volumen también juega un papel clave en la identificación de posibles puntos de reversión de una tendencia. Cuando el precio de un activo alcanza un nivel de soporte o resistencia clave, observar el volumen puede darte pistas sobre si ese nivel se mantendrá o se romperá. Por ejemplo, si el precio se acerca a un nivel de resistencia con un volumen creciente, hay una mayor probabilidad de que la resistencia se rompa y el precio continúe subiendo. Por el contrario, si el volumen es bajo al acercarse a la resistencia, podría ser una señal de que la resistencia se mantendrá y que el precio podría retroceder. En los niveles de soporte, un aumento en el volumen a menudo precede a una ruptura, mientras que un volumen bajo podría sugerir que el soporte se mantendrá.

El análisis del volumen no solo es útil para confirmar tendencias existentes o identificar posibles reversiones, sino que también puede ser una herramienta poderosa para detectar señales de entrada y salida en el mercado. Por ejemplo, un trader podría esperar un aumento en el volumen para confirmar la validez de una señal de compra en una tendencia alcista. De manera similar, una caída en el volumen durante una tendencia bajista podría ser una señal para salir de una posición corta antes de que el mercado se recupere. Además, algunos traders utilizan indicadores basados en el volumen, como el "On-Balance Volume" (OBV) o el "Volume Price Trend" (VPT), para obtener una visión más detallada de cómo el volumen está influenciando el movimiento del precio.

En mercados bajistas, el volumen también puede proporcionar pistas importantes. Durante una tendencia bajista, los picos de volumen a menudo coinciden con momentos de venta masiva, donde los precios caen rápidamente. Estos picos de volumen pueden marcar puntos de "capitulación", donde muchos inversores han renunciado y vendido sus activos, lo que a menudo precede a un rebote o una reversión de la tendencia. Reconocer estos momentos puede ofrecer oportunidades para comprar activos a precios bajos antes de que el mercado comience a recuperarse.

Además, es útil observar el volumen en diferentes marcos de tiempo. Un volumen alto en un marco de tiempo corto, como un gráfico de 1 minuto, puede no ser tan significativo como un volumen alto en un gráfico diario o semanal. Esto se debe a que los movimientos a corto plazo pueden estar influenciados por factores temporales o eventos específicos del día, mientras que un volumen alto en marcos de tiempo más largos generalmente indica un interés más sostenido en la tendencia. Al analizar el volumen en varios marcos de tiempo, puedes obtener una visión más completa de la salud y la dirección de una tendencia.

Es importante mencionar que, aunque el volumen es un indicador valioso, no debe utilizarse de manera aislada. Como cualquier herramienta de análisis, es más eficaz cuando se utiliza en conjunto con otros indicadores y técnicas. Por ejemplo, puedes combinar el análisis de volumen con el análisis de patrones de velas, medias móviles o indicadores de momentum para tener una visión más completa del mercado. De esta manera, puedes aumentar la precisión de tus predicciones y mejorar tus decisiones de trading.

Finalmente, uno de los aspectos más interesantes del volumen es su capacidad para revelar la psicología del mercado. En esencia, el volumen refleja la intensidad de las emociones y la convicción de los participantes del mercado. Un aumento en el volumen sugiere que más personas están de acuerdo con la dirección de la tendencia, lo que puede ser una señal de confianza. Por otro lado, un volumen bajo puede indicar incertidumbre o falta de interés, lo que a menudo precede a un cambio en la dirección del mercado. Comprender esta dinámica puede darte una ventaja significativa al operar, ya que te permite "leer" el sentimiento del mercado de manera más efectiva.

En conclusión, el volumen es un componente esencial en el análisis de las tendencias del mercado. Actúa como un indicador de confirmación, ayuda a identificar posibles puntos de reversión, y proporciona señales útiles para entrar o salir del mercado. Al observar el volumen en combinación con otros factores, puedes obtener una visión más profunda y precisa de las tendencias del mercado, lo que te permitirá tomar decisiones de trading más informadas. Recuerda que el volumen es la huella de la actividad del mercado, y aprender a interpretarlo correctamente puede ser la clave para mejorar tus resultados como trader.

Psicología de la Tendencia

La psicología juega un papel crucial en el análisis y la comprensión de las tendencias del mercado. Detrás de cada gráfico, cada vela, y cada fluctuación de precio, hay personas tomando decisiones basadas en sus emociones, expectativas y percepciones. La tendencia, en su núcleo, es una manifestación colectiva de estas decisiones y comportamientos. Entender la psicología detrás de la tendencia es clave para interpretar no solo los movimientos del mercado, sino también para anticipar cómo otros participantes podrían reaccionar en diferentes situaciones. Este conocimiento puede ser un diferenciador importante para cualquier trader que busque mejorar sus resultados.

Primero, es importante reconocer que los mercados son impulsados por dos emociones predominantes: el miedo y la codicia. Cuando una tendencia alcista comienza, a menudo es la codicia la que impulsa a los inversores a comprar, ya que todos quieren participar en las ganancias potenciales. Esta codicia puede llevar a una acumulación rápida y sostenida de precios, ya que más y más personas se suman a la tendencia con la esperanza de beneficiarse. Sin embargo, esta misma codicia puede convertirse en miedo cuando los precios comienzan a caer. En una tendencia bajista, el miedo puede desencadenar una venta masiva, ya que los inversores buscan salir del mercado para evitar pérdidas. Esta dinámica de miedo y codicia es un ciclo perpetuo que alimenta la creación y la ruptura de tendencias.

Un fenómeno psicológico interesante en las tendencias es el efecto de la "validación social". Los seres humanos tienen una tendencia natural a seguir a la multitud. Cuando una tendencia se establece, especialmente en un mercado alcista, más personas se sienten cómodas uniéndose porque ven que otros lo están haciendo. Este comportamiento de manada puede llevar a una sobreestimación del valor real de un activo, creando burbujas de precios que eventualmente explotan. Por otro lado, en un mercado bajista, la validación social puede llevar a un efecto de pánico, donde la gente vende en masa, muchas veces sin una razón fundamental sólida, simplemente porque ven a otros vendiendo. Este tipo de comportamiento colectivo puede amplificar las tendencias, haciéndolas más extremas de lo que serían si cada persona actuara de manera independiente y racional.

La psicología de la tendencia también se manifiesta en la forma en que los traders perciben y reaccionan ante las pérdidas y las ganancias. La aversión a las pérdidas es un sesgo cognitivo bien documentado en el que las personas tienden a sentir más dolor por una pérdida que satisfacción por una ganancia equivalente. Esto puede llevar a decisiones irracionales, como mantener una posición perdedora con la esperanza de que el mercado se recupere, en lugar de aceptar la pérdida y seguir adelante. En una tendencia bajista, este sesgo puede ser particularmente perjudicial, ya que los traders pueden resistirse a vender y, como resultado, sufrir pérdidas aún mayores. Por el contrario, en una tendencia alcista, los traders pueden vender demasiado pronto para asegurar una ganancia, por miedo a que el mercado se vuelva en su contra, perdiendo así la oportunidad de maximizar sus beneficios.

El "efecto de anclaje" es otro aspecto psicológico que influye en la percepción de las tendencias. Este sesgo ocurre cuando las personas se aferran a un valor o punto de referencia específico (como el precio de compra de un activo) y usan esa información para tomar decisiones futuras, incluso cuando las condiciones del mercado han cambiado. En una tendencia alcista, un trader puede anclarse al precio de compra y dudar en vender, esperando que el precio suba aún más, lo que puede llevar a pérdidas si el mercado se revierte. En una tendencia bajista, el efecto de anclaje puede hacer que un trader espere que los precios vuelvan a su nivel de referencia, lo que podría no ocurrir, lo que resulta en pérdidas más profundas.

Otro aspecto importante es la "disonancia cognitiva", que ocurre cuando un trader mantiene creencias contradictorias o experimenta una contradicción entre lo que espera que ocurra en el mercado y lo que realmente sucede. Por ejemplo, un trader que cree firmemente que una acción está infravalorada puede experimentar disonancia si el precio sigue bajando, lo que va en contra de su expectativa. Para aliviar esta disonancia, el trader puede buscar información que confirme su creencia original, ignorando cualquier señal que indique lo contrario. Este sesgo puede llevar a decisiones subóptimas, como mantener una posición perdedora durante demasiado tiempo.

El "sesgo de confirmación" también juega un papel importante en la psicología de la tendencia. Este sesgo ocurre cuando los traders buscan y priorizan información que confirme sus opiniones o decisiones previas, mientras descartan o ignoran la información que las contradiga. Por ejemplo, en una tendencia alcista, un trader podría enfocarse solo en noticias y datos que respalden la continuación de la tendencia, ignorando señales de advertencia que podrían indicar una reversión. Este tipo de pensamiento selectivo puede hacer que los traders se aferren a una tendencia incluso cuando las señales objetivas sugieren que es hora de salir del mercado.

Además, la psicología de la tendencia se ve influenciada por la "exuberancia irracional", un término popularizado por el economista Robert Shiller. La exuberancia irracional ocurre cuando los inversores se dejan llevar por el optimismo y las emociones, lo que lleva a una sobrevaloración de los activos y a la formación de burbujas de mercado. En una tendencia alcista prolongada, este tipo de comportamiento puede hacer que los precios suban a niveles insostenibles, lo que eventualmente conduce a una corrección brusca. Reconocer los signos de exuberancia irracional puede ayudarte a evitar entrar en el mercado en el punto más alto y prepararte para las posibles caídas.

Otro concepto psicológico importante es el "efecto de arrastre", donde los traders son influenciados por la acción reciente del mercado. Después de una serie de movimientos de precios en una dirección, los traders pueden asumir que esta tendencia continuará indefinidamente, lo que puede llevar a decisiones de inversión precipitadas. Sin embargo, las tendencias, por definición, eventualmente cambian, y aquellos que se ven atrapados en el efecto de arrastre pueden terminar comprando en la cima o vendiendo en el fondo, justo antes de que el mercado se revierta.

La "resistencia al cambio" es otro factor psicológico que afecta la percepción de la tendencia. Este fenómeno ocurre cuando los traders son reacios a cambiar su estrategia o perspectiva, incluso cuando las condiciones del mercado claramente lo requieren. Por ejemplo, un trader puede estar acostumbrado a operar en un mercado alcista y, cuando comienza una tendencia bajista, podría seguir operando como si el mercado todavía estuviera subiendo. Esta resistencia al cambio puede llevar a pérdidas significativas, ya que el trader no se adapta a las nuevas condiciones del mercado. Es fundamental ser flexible y estar dispuesto a ajustar tu enfoque según la tendencia actual.

Finalmente, es importante destacar que la psicología de la tendencia no solo afecta a los traders individuales, sino que también influye en el comportamiento de las instituciones y los grandes inversores. Las decisiones de estos actores pueden tener un impacto significativo en el mercado, ya que sus movimientos pueden amplificar o mitigar las tendencias existentes. Por ejemplo, cuando las instituciones comienzan a vender en masa, puede desencadenar una ola de ventas adicionales por parte de otros inversores, lo que refuerza la tendencia bajista. Comprender cómo la psicología influye en estos actores puede ofrecerte una ventaja al anticipar sus movimientos y ajustar tu estrategia en consecuencia.

En resumen, la psicología de la tendencia es un aspecto crucial del análisis del mercado que no debe ser ignorado. Desde el miedo y la codicia hasta los sesgos cognitivos como el efecto de anclaje y la disonancia cognitiva, las emociones y percepciones de los traders juegan un papel fundamental en la formación y el desarrollo de las tendencias. Al entender estos factores psicológicos y cómo influyen en el comportamiento del mercado, puedes tomar decisiones más informadas y racionales, mejorando así tus posibilidades de éxito en el trading. Recuerda que, en última instancia, la tendencia es una expresión de la psicología colectiva del mercado, y dominar este aspecto puede ser la clave para convertirte en un trader más eficiente y efectivo.

Estrategias de Trading con Tendencias

Cuando hablamos de operar en el mercado siguiendo la tendencia, nos referimos a un enfoque que se basa en identificar la dirección dominante del mercado y tomar decisiones de trading que vayan en línea con esa dirección. La lógica detrás de esta estrategia es simple: es más fácil nadar a favor de la corriente que en contra. En este capítulo, exploraremos diversas estrategias de trading que puedes aplicar para aprovechar las tendencias, usando un lenguaje claro y directo para que puedas comprender y aplicar estos conceptos con confianza.

Primero, hablemos de la estrategia más básica y popular cuando se trata de operar con la tendencia: la estrategia de "seguir la tendencia". Como su nombre lo indica, esta estrategia implica identificar una tendencia existente y luego abrir posiciones que vayan en la misma dirección que la tendencia. Por ejemplo, si observas que el precio de un activo ha estado subiendo de manera constante, podrías abrir una posición de compra, esperando que la tendencia alcista continúe. Del mismo modo, si el precio ha estado bajando, abrirías una posición de venta. La clave para el éxito con esta estrategia es la paciencia: esperar a que se confirme la tendencia antes de entrar al mercado y mantener la posición mientras la tendencia esté vigente.

Para implementar efectivamente la estrategia de seguir la tendencia, es crucial usar herramientas que te ayuden a identificarla y confirmarla. Uno de los métodos más comunes es utilizar medias móviles. Las medias móviles son indicadores que suavizan los datos de precios a lo largo de un período de tiempo, mostrando una línea que sigue la dirección general del precio. Si una media móvil de corto plazo (como una media móvil de 20 días) cruza por encima de una media móvil de largo plazo (como una media móvil de 50 días), esto se considera una señal de que una tendencia alcista está comenzando. Por el contrario, si la media móvil de corto plazo cruza por debajo de la de largo plazo, podría ser una señal de una tendencia bajista. Usar este tipo de cruce de medias móviles es una forma sencilla y efectiva de identificar y seguir tendencias.

Otra estrategia popular es la de "operar en los retrocesos dentro de la tendencia". Incluso en una tendencia fuerte, los precios no se mueven en línea recta. Habrá retrocesos o pequeñas correcciones en la dirección opuesta a la tendencia principal. Por ejemplo, en una tendencia alcista, es común ver que el precio sube, luego baja un poco (retroceso), y luego vuelve a subir. En lugar de entrar en el mercado justo cuando la tendencia está en su punto más fuerte, algunos traders prefieren esperar a estos retrocesos y comprar durante estas pequeñas caídas, con la esperanza de que la tendencia principal continúe después del retroceso. Esta estrategia puede ofrecer mejores puntos de entrada y aumentar las ganancias potenciales.

Para identificar estos retrocesos, muchos traders utilizan herramientas como los niveles de Fibonacci. La herramienta de retrocesos de Fibonacci es una técnica que sugiere que el precio de un activo tenderá a retroceder a ciertos niveles clave antes de continuar en la dirección de la tendencia principal. Estos niveles clave son proporciones específicas (como el 38.2%, 50% y 61.8%) que se basan en la secuencia matemática de Fibonacci. Por ejemplo, si el precio de un activo ha subido desde $100 hasta $150, un retroceso al nivel del 50% significaría que el precio podría caer a $125 antes de reanudar su tendencia alcista. Los traders utilizan estos niveles para identificar posibles puntos de entrada durante un retroceso, con la expectativa de que el precio rebotará y continuará en la dirección de la tendencia.

Otra estrategia efectiva en el trading con tendencias es la de "breakout trading" o "operar rupturas". Esta estrategia se basa en identificar niveles de soporte o resistencia clave en un gráfico de precios, y luego abrir una posición cuando el precio rompe uno de esos niveles. En una tendencia alcista, por ejemplo, si el precio ha estado luchando por superar un nivel de resistencia durante un tiempo, una ruptura por encima de ese nivel podría señalar que la tendencia alcista se está fortaleciendo, y esto podría ser una oportunidad para comprar. Del mismo modo, en una tendencia bajista, una ruptura por debajo de un nivel de soporte clave podría ser una señal de que la tendencia bajista se está acelerando, lo que podría ser una oportunidad para vender.

Una variante interesante del breakout trading es la estrategia de "falsa ruptura". A veces, lo que parece ser una ruptura puede ser simplemente un movimiento temporal antes de que el precio vuelva a su rango anterior. Los traders que operan con esta estrategia buscan señales de que una ruptura es falsa y, en lugar de seguir la ruptura, toman una posición en la dirección opuesta. Por ejemplo, si el precio rompe por encima de un nivel de resistencia pero luego retrocede rápidamente por debajo de ese nivel, esto podría ser una señal de una falsa ruptura, y un trader podría tomar una posición de venta esperando que el precio caiga aún más.

Además de estas estrategias, también existe la estrategia de "trading en rango", que, aunque no sigue directamente una tendencia, es útil cuando el mercado está en un período de consolidación, es decir, cuando los precios están oscilando dentro de un rango sin una dirección clara. Durante estas fases, los traders pueden comprar en el nivel inferior del rango (soporte) y vender en el nivel superior (resistencia), repitiendo este proceso hasta que el precio finalmente rompa fuera del rango. Aunque el trading en rango no sigue una tendencia, es una estrategia útil para mantener la actividad mientras se espera que se desarrolle una nueva tendencia.

Otra estrategia a considerar es el "trading de divergencias". Las divergencias ocurren cuando el precio de un activo se mueve en una dirección, pero un indicador técnico, como el RSI (Índice de Fuerza Relativa) o el MACD (Convergencia/Divergencia de Medias Móviles), se mueve en la dirección opuesta. Por ejemplo, si el precio de un activo está alcanzando nuevos máximos, pero el RSI está alcanzando máximos más bajos, esto puede ser una señal de que la tendencia alcista está perdiendo fuerza y podría revertirse. Los traders que usan esta estrategia buscan estas señales de divergencia para anticipar cambios en la tendencia y tomar posiciones antes de que el mercado cambie de dirección.

Un enfoque adicional es el "scalping", una estrategia de corto plazo en la que los traders buscan obtener pequeñas ganancias rápidas dentro de la tendencia principal. Los scalpers abren y cierran posiciones en minutos o incluso segundos, aprovechando las pequeñas fluctuaciones del precio a lo largo de la tendencia. Aunque esta estrategia requiere una vigilancia constante y un buen manejo del riesgo, puede ser lucrativa en mercados volátiles, donde los movimientos de precios son rápidos y frecuentes.

Finalmente, no podemos olvidar la importancia de combinar estas estrategias con una sólida gestión del riesgo. Independientemente de la estrategia que elijas, siempre es crucial definir claramente tus niveles de stop-loss (el precio al cual cerrarás una posición para limitar pérdidas) y take-profit (el precio al cual cerrarás una posición para asegurar ganancias). Esto te ayuda a proteger tu capital y a mantener un enfoque disciplinado, evitando decisiones impulsivas basadas en emociones.

En resumen, operar con la tendencia ofrece múltiples enfoques y estrategias que puedes adaptar según tus objetivos y tu tolerancia al riesgo. Desde seguir la tendencia con medias móviles, aprovechar los retrocesos con Fibonacci, hasta operar rupturas y divergencias, hay una variedad de herramientas y técnicas a tu disposición. Lo más importante es comprender bien cada estrategia y cómo aplicarla en diferentes situaciones de mercado, manteniendo siempre una gestión de riesgo adecuada. Al dominar estas estrategias, estarás mejor equipado para capitalizar las oportunidades que las tendencias del mercado te ofrecen, aumentando así tus probabilidades de éxito en el trading.

Análisis Fundamental y la Tendencia

Cuando hablamos de trading y de cómo aprovechar las tendencias del mercado, solemos pensar principalmente en el análisis técnico, en gráficos y en indicadores que nos muestran hacia dónde se mueve el precio. Sin embargo, hay otro tipo de análisis igualmente importante que puede influir significativamente en las tendencias: el análisis fundamental. Este tipo de análisis se centra en los aspectos más profundos que afectan al valor de un activo, como las noticias económicas, los resultados financieros de las empresas y las decisiones de política monetaria. En este capítulo, exploraremos cómo el análisis fundamental puede ayudarte a entender y predecir tendencias en los mercados, y cómo puedes combinar esta información con estrategias de trading basadas en la tendencia.

El análisis fundamental se basa en la idea de que cada activo tiene un valor intrínseco, es decir, un valor real que no siempre coincide con su precio de mercado. Cuando hablamos de acciones, por ejemplo, el valor intrínseco de una empresa se calcula en función de sus ganancias, crecimiento, activos y otros factores financieros. Si el precio de mercado de una acción es más bajo que su valor intrínseco, podría considerarse infravalorada, y es probable que con el tiempo su precio suba para reflejar su verdadero valor. Por el contrario, si el precio de la acción es más alto que su valor intrínseco, podría estar sobrevalorada, y podría esperarse una caída en su precio.

En el contexto de las tendencias, el análisis fundamental es particularmente útil para identificar cuándo una tendencia podría estar comenzando o terminando. Por ejemplo, imagina que se publican datos económicos que muestran un crecimiento sólido en la economía de un país, como un aumento en el PIB (Producto Interno Bruto) o en las tasas de empleo. Esta información fundamental podría ser un catalizador para una tendencia alcista en el mercado de acciones de ese país, ya que los inversores se vuelven más optimistas y comienzan a comprar acciones, esperando que las empresas prosperen en un entorno económico favorable.

Además, las noticias y los eventos fundamentales pueden provocar cambios repentinos en la tendencia del mercado. Un buen ejemplo de esto son las decisiones de los bancos centrales sobre las tasas de interés. Cuando un banco central decide aumentar las tasas de interés, puede hacer que la moneda de ese país se fortalezca, lo que podría llevar a una tendencia alcista en los mercados de divisas para esa moneda. Por otro lado, una reducción en las tasas de interés podría debilitar la moneda y provocar una tendencia bajista. Los traders que están atentos a estos eventos fundamentales pueden posicionarse antes de que la tendencia se consolide, aprovechando la información para maximizar sus ganancias.

Otro aspecto importante del análisis fundamental es el seguimiento de los resultados financieros de las empresas, en el caso de las acciones. Los informes de ganancias trimestrales y anuales son un ejemplo de datos fundamentales que pueden influir en la tendencia de las acciones de una empresa. Si una empresa reporta ganancias mejores de lo esperado, es probable que sus acciones suban, iniciando o fortaleciendo una tendencia alcista. Por el contrario, si los resultados son decepcionantes, los inversores pueden empezar a vender sus acciones, lo que podría desencadenar una tendencia bajista. Aquí es donde el análisis fundamental se vuelve crucial para anticipar estos movimientos y ajustar tu estrategia de trading en consecuencia.

Además, el análisis fundamental también incluye el estudio de factores macroeconómicos, como la inflación, el desempleo, las políticas fiscales y las tensiones geopolíticas. Todos estos factores pueden influir en la confianza de los inversores y, por lo tanto, en las tendencias del mercado. Por ejemplo, si un país está experimentando una alta inflación, los inversores podrían alejarse de su moneda, causando una tendencia bajista en el mercado de divisas. En cambio, si hay estabilidad política y un crecimiento económico sostenido, los inversores podrían estar más inclinados a invertir en ese país, impulsando una tendencia alcista en sus mercados financieros.

Una forma efectiva de utilizar el análisis fundamental en conjunto con las tendencias es buscar divergencias entre el valor intrínseco de un activo y su precio de mercado. Si identificas que un activo está infravalorado debido a sus sólidos fundamentos, pero su precio aún no ha reflejado esta realidad, podrías estar ante una oportunidad para entrar en una tendencia alcista antes de que comience. Del mismo modo, si un activo está sobrevalorado a pesar de fundamentos débiles, podrías anticipar una tendencia bajista y posicionarte para aprovecharla.

También es importante destacar que el análisis fundamental no se limita a acciones y divisas. En los mercados de materias primas, como el petróleo o el oro, factores como la oferta y la demanda global, las decisiones de los grandes productores y las condiciones climáticas pueden tener un impacto significativo en las tendencias. Por ejemplo, si hay una reducción en la producción de petróleo debido a un conflicto geopolítico, podríamos ver una tendencia alcista en los precios del petróleo. Por el contrario, si se descubre una nueva reserva de petróleo, podría haber una tendencia bajista debido a un aumento en la oferta.

En el contexto del trading con tendencias, el análisis fundamental puede ser un complemento poderoso para el análisis técnico. Mientras que el análisis técnico te ayuda a identificar la dirección actual de la tendencia y posibles puntos de entrada y salida, el análisis fundamental te da el contexto necesario para entender por qué esa tendencia está ocurriendo y si es probable que continúe. Al combinar ambos enfoques, puedes tomar decisiones de trading más informadas y con mayor confianza.

Además, el análisis fundamental también te ayuda a mantenerte informado sobre los riesgos asociados con tus operaciones. Por ejemplo, si estás operando en una tendencia alcista en el mercado de acciones, pero sabes que se avecinan informes económicos que podrían afectar negativamente la confianza de los inversores, podrías decidir reducir tu exposición o ajustar tus niveles de stop-loss para proteger tus ganancias. De esta manera, el análisis fundamental te permite anticiparte a posibles cambios en la tendencia y ajustar tu estrategia en consecuencia.

Para concluir, el análisis fundamental es una herramienta esencial para cualquier trader que quiera operar con tendencias de manera efectiva. No se trata solo de seguir los gráficos y los indicadores, sino de entender los factores subyacentes que impulsan los movimientos del mercado. Al incorporar el análisis fundamental en tu enfoque de trading, estarás mejor preparado para identificar tendencias emergentes, anticipar cambios en las mismas y tomar decisiones más acertadas en tus operaciones. Así, podrás no solo seguir la tendencia, sino también comprenderla y aprovecharla al máximo.

Uso de Indicadores en la Tendencia

Cuando hablamos de operar con la tendencia en los mercados, los indicadores técnicos juegan un papel fundamental. Los indicadores son herramientas que los traders utilizan para analizar los gráficos de precios y obtener señales sobre la dirección en la que podría moverse un activo. En este capítulo, vamos a explorar cómo puedes usar estos indicadores para identificar, confirmar y operar con tendencias de manera efectiva, todo explicado de forma sencilla y directa.

Primero, es importante entender que los indicadores técnicos son fórmulas matemáticas aplicadas a los datos históricos de precios, como el precio de cierre, el máximo, el mínimo y el volumen. Estos indicadores se representan visualmente en los gráficos y ayudan a los traders a interpretar lo que está sucediendo en el mercado. Hay muchos tipos de indicadores, pero en el contexto de operar con tendencias, nos enfocaremos en algunos de los más populares y efectivos.

Uno de los indicadores más comunes y utilizados es la media móvil. Las medias móviles son líneas que se trazan en el gráfico de precios para suavizar las fluctuaciones a corto plazo y resaltar la dirección general de la tendencia. Existen diferentes tipos de medias móviles, como la media móvil simple (SMA) y la media móvil exponencial (EMA). La SMA calcula el promedio de los precios durante un período de tiempo específico, mientras que la EMA da más peso a los precios recientes, lo que la hace más sensible a los cambios en la tendencia.

Por ejemplo, si utilizas una SMA de 50 días en un gráfico diario, verás una línea que muestra el promedio de los precios de cierre de los últimos 50 días. Si esta línea se inclina hacia arriba, indica una tendencia alcista, mientras que si se inclina hacia abajo, sugiere una tendencia bajista. Una estrategia común es observar el cruce de medias móviles: cuando una media móvil de corto plazo cruza por encima de una de largo plazo, esto puede ser una señal de que una nueva tendencia alcista está comenzando. Por el contrario, cuando la media móvil de corto plazo cruza por debajo de la de largo plazo, puede ser una señal de que una tendencia bajista está por venir.

Otro indicador muy útil es el Índice de Fuerza Relativa (RSI). El RSI mide la velocidad y el cambio de los movimientos de precios, y se representa en una escala de 0 a 100. Este indicador ayuda a los traders a identificar si un activo está sobrecomprado o sobrevendido. Un valor de RSI por encima de 70 suele indicar que el activo está sobrecomprado, lo que podría sugerir que la tendencia alcista está perdiendo fuerza y que podría haber una corrección o un cambio de tendencia. Por otro lado, un valor de RSI por debajo de 30 indica que el activo está sobrevendido, lo que podría ser una señal de que la tendencia bajista está llegando a su fin y que podría haber una reversión al alza.

El RSI también es útil para identificar divergencias, que ocurren cuando el precio del activo se mueve en una dirección, pero el RSI se mueve en la dirección opuesta. Por ejemplo, si el precio alcanza nuevos máximos, pero el RSI comienza a bajar, esto puede ser una señal de que la tendencia alcista está perdiendo impulso y que podría haber un cambio en la dirección del precio. Identificar estas divergencias a tiempo puede ser clave para anticipar cambios en la tendencia y ajustar tu estrategia de trading en consecuencia.

El MACD (Convergencia/Divergencia de Medias Móviles) es otro indicador popular que combina aspectos de las medias móviles y el impulso del mercado. El MACD se compone de dos líneas: la línea MACD y la línea de señal. La línea MACD se calcula restando la EMA de 26 períodos de la EMA de 12 períodos, mientras que la línea de señal es una EMA de 9 períodos de la línea MACD. Cuando la línea MACD cruza por encima de la línea de señal, se genera una señal de compra, indicando que la tendencia alcista podría estar fortaleciéndose. Por el contrario, cuando la línea MACD cruza por debajo de la línea de señal, se genera una señal de venta, sugiriendo que la tendencia bajista podría estar comenzando.

Además de las señales de cruce, el MACD también puede ayudarte a identificar la fuerza de la tendencia a través de los histogramas, que muestran la diferencia entre la línea MACD y la línea de señal. Si los histogramas se están expandiendo, esto indica que la tendencia está ganando fuerza. Si se están contrayendo, puede ser una señal de que la tendencia está perdiendo impulso y que podría haber una reversión.

Otro indicador importante es el Bollinger Bands, que consiste en una media móvil simple y dos líneas de desviación estándar por encima y por debajo de la media móvil. Estas bandas se expanden y contraen en función de la volatilidad del mercado. Cuando el precio toca la banda superior, podría estar sobrecomprado, y cuando toca la banda inferior, podría estar sobrevendido. Esto puede ser útil para identificar posibles puntos de entrada y salida en función de la tendencia. En una tendencia fuerte, verás que el precio tiende a "caminar" por las bandas, lo que puede ayudarte a confirmar la fortaleza de la tendencia.

El ADX (Índice Direccional Medio) es otro indicador valioso para medir la fuerza de una tendencia. A diferencia de otros indicadores que te dicen en qué dirección se está moviendo el precio, el ADX se enfoca en la fuerza de esa tendencia. Se representa en una escala de 0 a 100, donde valores por encima de 25 suelen indicar una tendencia fuerte, ya sea alcista o bajista, y valores por debajo de 25 sugieren que el mercado está en un rango o que la tendencia es débil. El ADX es especialmente útil cuando quieres asegurarte de que una tendencia es lo suficientemente fuerte como para justificar una operación basada en la misma.

El Parabolic SAR (Stop and Reverse) es otro indicador utilizado para identificar posibles puntos de entrada y salida dentro de una tendencia. Este indicador se representa como una serie de puntos que se trazan en el gráfico de precios. Cuando los puntos están por debajo del precio, indican una tendencia alcista, y cuando están por encima, indican una tendencia bajista. El Parabolic SAR es particularmente útil para determinar cuándo una tendencia está a punto de revertirse y puede ayudarte a establecer niveles de stop-loss ajustados, lo que es esencial para la gestión del riesgo.

Finalmente, no podemos dejar de mencionar los retrocesos de Fibonacci. Aunque no son indicadores en el sentido tradicional, los niveles de Fibonacci son extremadamente útiles para identificar posibles puntos de entrada y salida durante una tendencia. Estos niveles se basan en las proporciones matemáticas derivadas de la secuencia de Fibonacci y se utilizan para prever hasta dónde podría retroceder el precio antes de continuar en la dirección de la tendencia principal. Por ejemplo, en una tendencia alcista, un retroceso al nivel de 38.2% o 50% de Fibonacci podría ofrecer una buena oportunidad para entrar en el mercado, ya que muchos traders consideran estos niveles como zonas de soporte.

Al combinar estos indicadores, puedes obtener una visión más completa del mercado y tomar decisiones de trading más informadas. Sin embargo, es importante recordar que ningún indicador es perfecto por sí solo. La clave del éxito en el trading con tendencia es utilizar una combinación de indicadores que se complementen entre sí. Por ejemplo, podrías usar las medias móviles para identificar la dirección general de la tendencia, el RSI para asegurarte de que no estás entrando en un mercado sobrecomprado o sobrevendido, y el MACD para confirmar la fuerza de la tendencia antes de tomar una decisión de trading.

Además, debes considerar siempre la gestión del riesgo al usar indicadores. Es fácil dejarse llevar por una señal fuerte de un indicador, pero siempre es importante tener un plan en caso de que la tendencia no se comporte como esperabas. Establecer niveles claros de stop-loss y take-profit te ayudará a proteger tu capital y a mantener un enfoque disciplinado en tu trading.

En resumen, los indicadores son herramientas poderosas que pueden ayudarte a identificar, confirmar y operar con tendencias en el mercado. Desde las medias móviles hasta el RSI, el MACD y más allá, cada indicador tiene su propio conjunto de ventajas y limitaciones. Al aprender a usar estos indicadores en conjunto, puedes mejorar tu capacidad para operar con éxito en un mercado impulsado por tendencias, aumentando tus probabilidades de éxito y ayudándote a convertirte en un trader más eficiente y confiado.

Tendencias en Diferentes Mercados

Cuando hablamos de tendencias en el trading, es importante entender que no todos los mercados se comportan de la misma manera. Cada mercado, ya sea de acciones, divisas, materias primas o criptomonedas, tiene sus propias características y factores que influyen en las tendencias. En este capítulo, exploraremos cómo se manifiestan las tendencias en diferentes mercados, qué factores las impulsan y cómo puedes adaptar tus estrategias de trading para aprovechar al máximo las oportunidades que cada uno ofrece.

Empecemos con el mercado de acciones, uno de los mercados más conocidos y accesibles para los inversores. Las tendencias en el mercado de acciones están influenciadas por una variedad de factores, como el desempeño financiero de las empresas, las condiciones económicas generales, las decisiones políticas y las expectativas de los inversores. Por ejemplo, si una empresa reporta ganancias mayores a las esperadas, es probable que veas una tendencia alcista en sus acciones, ya que los inversores se sienten más confiados en el valor futuro de esa empresa. Sin embargo, si la economía en general está en recesión, podrías ver una tendencia bajista en el mercado de acciones en su conjunto, ya que los inversores se vuelven más cautelosos y tienden a vender sus activos para reducir riesgos.

En el mercado de acciones, las tendencias pueden ser de corto, mediano o largo plazo. Las tendencias a corto plazo a menudo se ven influenciadas por noticias y eventos recientes, como la publicación de resultados trimestrales o cambios en la dirección de la empresa. Por otro lado, las tendencias a largo plazo están más relacionadas con la salud económica general y los ciclos del mercado. Es importante reconocer el marco temporal de la tendencia en la que estás operando, ya que esto influirá en tus decisiones de entrada y salida. Por ejemplo, una tendencia alcista a largo plazo podría implicar mantener una posición durante varios meses o años, mientras que una tendencia a corto plazo podría requerir una mayor agilidad para entrar y salir del mercado en cuestión de días o semanas.

Pasando al mercado de divisas (Forex), aquí las tendencias son impulsadas principalmente por factores macroeconómicos y políticos, como las decisiones de los bancos centrales, las tasas de interés, la inflación y los eventos geopolíticos. A diferencia del mercado de acciones, donde puedes enfocarte en el rendimiento de una empresa en particular, en Forex estás tratando con pares de divisas, lo que significa que siempre estás comprando una moneda y vendiendo otra. Por lo tanto, una tendencia en el mercado de divisas refleja la fortaleza relativa entre dos economías.

Por ejemplo, si el Banco Central Europeo decide subir las tasas de interés mientras la Reserva Federal de Estados Unidos mantiene las tasas sin cambios, podrías ver una tendencia alcista en el par EUR/USD, ya que los inversores prefieren la moneda que ofrece un mayor rendimiento. Sin embargo, las tendencias en Forex también pueden ser volátiles y estar sujetas a cambios rápidos debido a noticias inesperadas o eventos políticos. Por lo tanto, es crucial estar al tanto de las noticias económicas y tener una estrategia de gestión de riesgo bien definida cuando operas en este mercado.

El mercado de materias primas, que incluye activos como el oro, el petróleo y los productos agrícolas, tiene sus propias dinámicas de tendencia. Las tendencias en este mercado suelen estar impulsadas por la oferta y la demanda global, así como por eventos geopolíticos y cambios en la economía mundial. Por ejemplo, el precio del petróleo puede subir si hay una interrupción en el suministro debido a un conflicto en una región productora de petróleo. Del mismo modo, el precio del oro puede ver una tendencia alcista en tiempos de incertidumbre económica, ya que los inversores lo consideran un refugio seguro.

El mercado de materias primas también se ve afectado por factores estacionales. Por ejemplo, los precios de los productos agrícolas pueden fluctuar según la temporada de cosecha o las condiciones climáticas. Las tendencias en este mercado pueden ser de largo o corto plazo, dependiendo de los factores que las impulsen. Si estás operando con materias primas, es esencial entender los factores que influyen en la oferta y la demanda y cómo pueden afectar las tendencias a lo largo del tiempo.

El mercado de criptomonedas es relativamente nuevo en comparación con los otros mercados, pero ha ganado una enorme popularidad en los últimos años. Las tendencias en este mercado pueden ser extremadamente volátiles, impulsadas por factores como la adopción tecnológica, la regulación gubernamental, los cambios en el sentimiento de los inversores y las noticias sobre las criptomonedas en sí. Por ejemplo, un anuncio de que una gran empresa está aceptando Bitcoin como forma de pago puede desencadenar una tendencia alcista en el precio de Bitcoin. Sin embargo, las tendencias en el mercado de criptomonedas también pueden revertirse rápidamente debido a la naturaleza especulativa de estos activos.

Debido a su alta volatilidad, las tendencias en el mercado de criptomonedas pueden ofrecer grandes oportunidades, pero también conllevan un riesgo significativo. Los traders en este mercado deben estar preparados para movimientos rápidos y, a menudo, impredecibles, y es crucial tener una estrategia sólida para gestionar el riesgo y proteger tu capital. Las criptomonedas también son susceptibles a las tendencias impulsadas por la psicología del mercado, donde el miedo y la codicia pueden llevar a fluctuaciones extremas en los precios.

Una de las claves para operar con éxito en diferentes mercados es la adaptabilidad. Cada mercado tiene sus propias peculiaridades, y lo que funciona en uno puede no ser efectivo en otro. Por ejemplo, las tendencias en el mercado de acciones pueden ser más estables y predecibles en comparación con las criptomonedas, pero también pueden ser más lentas en desarrollarse. En el Forex, las tendencias pueden estar fuertemente influenciadas por eventos macroeconómicos que requieren un análisis constante de las noticias. En el mercado de materias primas, es fundamental entender los factores de oferta y demanda y cómo afectan los precios.

Además, cada mercado tiene su propio ritmo. En el mercado de acciones, puedes ver tendencias a largo plazo basadas en el crecimiento económico o en la innovación tecnológica. En Forex, las tendencias pueden cambiar con mayor frecuencia debido a los informes económicos y las políticas monetarias. En el mercado de materias primas, las tendencias pueden estar ligadas a factores externos, como desastres naturales o cambios en la producción global. Y en el mercado de criptomonedas, las tendencias pueden surgir rápidamente, impulsadas por la adopción tecnológica o las noticias sobre regulaciones.

Por lo tanto, como trader, es importante no solo reconocer las tendencias, sino también comprender el contexto en el que operan. Esto significa que debes estar siempre al tanto de los factores que pueden afectar el mercado en el que estás operando y ajustar tu estrategia en consecuencia. No se trata solo de seguir la tendencia, sino de entender qué la está impulsando y cómo puedes adaptarte a medida que cambia.

Además, es esencial tener una estrategia de gestión del riesgo que se adapte al mercado en el que estás operando. Por ejemplo, en un mercado volátil como el de criptomonedas, podrías optar por posiciones más pequeñas y niveles de stop-loss más ajustados para protegerte de movimientos bruscos en el precio. En el mercado de acciones, podrías estar más dispuesto a mantener posiciones durante más tiempo si la tendencia es fuerte y está respaldada por fundamentos sólidos. En Forex, podrías ajustar tu apalancamiento según la volatilidad del par de divisas con el que estás operando y la importancia de los eventos económicos próximos.

Finalmente, es importante recordar que ningún mercado opera de manera aislada. Lo que sucede en un mercado puede tener un impacto en otros. Por ejemplo, un aumento en el precio del petróleo puede afectar a las acciones de las empresas de energía, lo que a su vez puede influir en el mercado de divisas si esas empresas operan a nivel internacional. De manera similar, las decisiones políticas que afectan a una moneda pueden tener repercusiones en el mercado de materias primas, especialmente en aquellos commodities que se comercian internacionalmente en esa moneda.

Al operar en diferentes mercados, es crucial mantener una visión holística y estar consciente de las interconexiones entre ellos. Esto no solo te ayudará a identificar oportunidades de trading más efectivas, sino también a protegerte de los riesgos que pueden surgir de factores externos inesperados.

En conclusión, operar con tendencias en diferentes mercados requiere una comprensión profunda de las características específicas de cada uno. Ya sea que estés operando con acciones, divisas, materias primas o criptomonedas, debes adaptar tus estrategias a las dinámicas del mercado, estar atento a los factores que pueden influir en las tendencias y aplicar una gestión de riesgo sólida para maximizar tus probabilidades de éxito. La adaptabilidad, el conocimiento y la preparación son tus mejores herramientas para navegar con éxito en el mundo del trading en tendencias.

Errores Comunes al Operar con la Tendencia

Operar con la tendencia es una de las estrategias más populares en el mundo del trading, y con buena razón: "La tendencia es tu amiga" es un mantra repetido constantemente porque seguir la dirección general del mercado puede ofrecer oportunidades de ganancias significativas. Sin embargo, a pesar de lo atractiva que puede parecer esta estrategia, muchos traders caen en errores comunes que pueden convertir una tendencia prometedora en una experiencia frustrante y costosa. En este capítulo, vamos a explorar estos errores con detalle, para que puedas evitarlos y operar con mayor éxito.

Uno de los errores más frecuentes es confundir una corrección con un cambio de tendencia. Las tendencias, ya sean alcistas o bajistas, no se mueven en línea recta. Es normal que durante una tendencia alcista, por ejemplo, haya retrocesos temporales donde el precio cae antes de continuar subiendo. Los traders inexpertos a menudo confunden estos retrocesos con el fin de la tendencia y venden sus posiciones por miedo a perder sus ganancias, solo para ver cómo el mercado retoma su dirección original poco después. Para evitar este error, es crucial tener una comprensión clara de los niveles de soporte y resistencia, así como de las herramientas técnicas que pueden ayudarte a identificar si un movimiento es una simple corrección o un verdadero cambio de tendencia.

Otro error común es entrar en la tendencia demasiado tarde. Todos queremos aprovechar una tendencia fuerte, pero si esperas demasiado para entrar, podrías estar comprando justo cuando la tendencia está a punto de agotarse. Entrar tarde en una tendencia puede reducir significativamente tu margen de beneficio, ya que la mayor parte del movimiento ya se ha realizado. Peor aún, podrías verte atrapado en una reversión de tendencia, lo que podría resultar en pérdidas. La clave aquí es el timing: aprende a identificar los primeros signos de una tendencia emergente y desarrolla la confianza para tomar decisiones de entrada antes de que la tendencia se haya extendido demasiado.

El uso incorrecto del apalancamiento es otro error que puede ser desastroso. El apalancamiento permite a los traders controlar una posición mayor con menos capital, lo que puede aumentar tanto las ganancias como las pérdidas. Durante una tendencia fuerte, el apalancamiento puede parecer tentador, ya que puedes aumentar tus beneficios rápidamente. Sin embargo, si la tendencia se revierte o si hay una corrección inesperada, el uso excesivo del apalancamiento puede amplificar tus pérdidas a un nivel que no puedas soportar. Es vital usar el apalancamiento con precaución y siempre asegurarte de que puedes manejar el riesgo asociado con una posición apalancada.

Un error relacionado es no ajustar el stop-loss adecuadamente. Cuando operas con la tendencia, es fácil volverse complaciente, especialmente si todo va según lo planeado. Sin embargo, es fundamental ajustar tu stop-loss a medida que la tendencia avanza para proteger tus ganancias y minimizar las pérdidas en caso de una reversión. Algunos traders fijan un stop-loss al inicio de la operación y lo dejan sin cambios, lo cual puede ser peligroso si el mercado se mueve en tu contra. A medida que el precio se mueve a tu favor, considera subir tu stop-loss para asegurar al menos una parte de las ganancias, mientras te das espacio para que la tendencia continúe.

Otro error común es ignorar la importancia del volumen. El volumen es una herramienta esencial para confirmar la fuerza de una tendencia. Si ves que el precio está subiendo, pero el volumen está disminuyendo, es posible que la tendencia esté perdiendo fuerza y que pronto ocurra una reversión. Sin embargo, muchos traders se enfocan solo en el movimiento del precio y no prestan atención al volumen, lo que puede llevarlos a decisiones equivocadas. Asegúrate de monitorear tanto el precio como el volumen para tener una visión más completa de lo que está ocurriendo en el mercado.

No tener un plan de salida claro es otro error crítico. Es fácil dejarse llevar por la emoción cuando una tendencia va a tu favor, pero es importante recordar que ninguna tendencia dura para siempre. Sin un plan de salida claro, puedes verte atrapado tratando de maximizar las ganancias hasta el último momento, solo para ver cómo el mercado se da la vuelta repentinamente y se lleva una gran parte de tus beneficios. Decide de antemano dónde vas a tomar tus ganancias, ya sea en un nivel de precio específico o basado en una señal técnica, y adhiérete a ese plan.

Un error que también se ve con frecuencia es operar contra la tendencia por razones emocionales. A veces, los traders se aferran a sus opiniones sobre lo que el mercado "debería" hacer, en lugar de aceptar lo que realmente está ocurriendo. Esto puede llevar a situaciones en las que un trader insiste en vender en una tendencia alcista o comprar en una tendencia bajista, simplemente porque creen que el mercado está equivocado. Este tipo de trading emocional rara vez termina bien. Es fundamental recordar que el mercado es siempre correcto en el sentido de que refleja la acción colectiva de todos los participantes. Aprende a dejar de lado tus prejuicios y sigue lo que el mercado te está mostrando.

Finalmente, un error que muchos traders pasan por alto es no aprender de sus errores. Todos cometemos errores en el trading, eso es parte del proceso de aprendizaje. Sin embargo, lo que diferencia a los traders exitosos de los que no lo son es la capacidad de aprender de esos errores y no repetirlos. Después de cada operación, tómate el tiempo para analizar qué salió bien y qué salió mal. Mantén un registro de tus operaciones y revisa tus estrategias regularmente para identificar áreas de mejora. El trading es un proceso continuo de aprendizaje, y la única forma de mejorar es reflexionando sobre tus experiencias y haciendo ajustes en consecuencia.

En resumen, operar con la tendencia puede ser una estrategia poderosa, pero solo si se hace con cuidado y conocimiento. Al evitar estos errores comunes, puedes mejorar tus probabilidades de éxito y aprovechar al máximo las oportunidades que te ofrece el mercado. Recuerda, el trading no es solo sobre seguir la tendencia, sino también sobre entenderla y adaptarte a ella de manera inteligente y disciplinada.

Backtesting y Optimización de Estrategias

El éxito en el trading no se trata solo de tener una estrategia, sino de asegurarse de que esa estrategia funcione en una variedad de condiciones del mercado. Aquí es donde entran en juego el backtesting y la optimización de estrategias. Estos procesos son fundamentales para cualquier trader que quiera operar con confianza y con una mayor probabilidad de éxito. En este capítulo, vamos a explorar qué son el backtesting y la optimización de estrategias, cómo funcionan y por qué son tan importantes.

Comencemos con el backtesting. En su esencia, el backtesting es una forma de probar tu estrategia de trading utilizando datos históricos para ver cómo habría funcionado en el pasado. Imagina que tienes una estrategia que consiste en comprar un activo cuando su precio cruza por encima de su media móvil de 50 días, y vender cuando cae por debajo. En lugar de lanzarte directamente al mercado con esta estrategia, puedes usar el backtesting para ver cómo se habría comportado en diferentes escenarios históricos. Esto te permite evaluar si la estrategia es realmente sólida o si solo parece buena en teoría.

El proceso de backtesting implica tomar datos históricos y aplicar tu estrategia a esos datos, como si estuvieras operando en tiempo real. Esto te da una idea clara de qué tan rentable habría sido la estrategia y, lo que es igual de importante, cuánto riesgo habrías asumido. Por ejemplo, podrías descubrir que tu estrategia habría sido muy rentable en un mercado alcista, pero habría generado grandes pérdidas en un mercado bajista. Estos resultados te proporcionan información valiosa sobre los puntos fuertes y débiles de tu estrategia.

Sin embargo, hay que tener cuidado al interpretar los resultados del backtesting. Un error común es caer en el sesgo de retroalimentación, que ocurre cuando optimizas una estrategia tanto para los datos históricos que funciona perfectamente en el pasado, pero no necesariamente en el futuro. Es fácil ajustar la estrategia para que se vea bien en los gráficos históricos, pero esto no garantiza que funcione igual de bien en el mercado en vivo. Por lo tanto, es esencial ser realista y recordar que el rendimiento pasado no es una garantía de éxito futuro.

Ahora, hablemos de la optimización de estrategias. Una vez que hayas realizado el backtesting, es probable que quieras afinar tu estrategia para mejorar su rendimiento. La optimización consiste en ajustar los parámetros de tu estrategia para maximizar sus resultados. Por ejemplo, si tu estrategia original utiliza una media móvil de 50 días, podrías probar diferentes períodos de tiempo, como 30 o 100 días, para ver cuál produce los mejores resultados.

La optimización es un proceso que debe hacerse con cuidado. Si bien ajustar los parámetros puede mejorar los resultados, es importante evitar el sobreajuste. El sobreajuste ocurre cuando haces demasiados ajustes basados en los datos históricos, lo que puede hacer que la estrategia sea demasiado específica para ese período de tiempo en particular y no funcione bien en diferentes condiciones del mercado. En lugar de simplemente buscar los parámetros que habrían producido el máximo beneficio, es más prudente buscar un equilibrio entre rentabilidad y estabilidad, para asegurarte de que la estrategia sea robusta y funcione bien en una variedad de escenarios.

Además de ajustar los parámetros individuales, la optimización también puede implicar probar la estrategia en diferentes mercados o activos. Una estrategia que funcione bien en el mercado de acciones, por ejemplo, puede no ser tan efectiva en el mercado de divisas o en criptomonedas. Al probar tu estrategia en diferentes entornos, puedes obtener una mejor comprensión de su versatilidad y adaptabilidad.

Es importante destacar que tanto el backtesting como la optimización deben hacerse utilizando herramientas y software confiables. Existen muchas plataformas que te permiten realizar estas pruebas de manera eficiente y precisa. Estas herramientas pueden automatizar gran parte del proceso, permitiéndote probar múltiples escenarios y parámetros en poco tiempo. No obstante, es crucial entender bien cómo funcionan estas herramientas y cómo interpretar sus resultados. Un mal uso de las mismas puede llevar a conclusiones erróneas y, en última instancia, a malas decisiones de trading.

Una vez que has completado el backtesting y la optimización, es hora de validar tu estrategia en un entorno de trading en vivo, pero con un enfoque controlado. Aquí es donde entra en juego el trading en una cuenta demo o con cantidades pequeñas de dinero real. Esta fase de prueba te permitirá ver cómo se comporta tu estrategia en tiempo real, bajo las condiciones actuales del mercado, sin asumir riesgos significativos. Es posible que descubras que algunos ajustes adicionales son necesarios, o que tu estrategia funciona mejor de lo que esperabas.

Finalmente, es importante recordar que el backtesting y la optimización no son procesos que se realizan una sola vez. Los mercados cambian, y lo que funcionó bien en un período puede no ser tan efectivo en otro. Por esta razón, debes considerar revisar y ajustar tus estrategias regularmente, aplicando el backtesting y la optimización de manera continua. Esta es una práctica esencial para mantener tu estrategia actualizada y relevante en un entorno de mercado en constante evolución.

En resumen, el backtesting y la optimización de estrategias son herramientas poderosas en el arsenal de cualquier trader serio. Te permiten probar y refinar tus estrategias antes de arriesgar tu dinero en el mercado, aumentando así tus probabilidades de éxito. Sin embargo, estos procesos deben realizarse con cuidado y con un entendimiento claro de sus limitaciones. Al final del día, el objetivo es desarrollar una estrategia que sea robusta, adaptable y capaz de generar rendimientos consistentes a lo largo del tiempo.

Construyendo un Plan de Trading Basado en la Tendencia

El trading basado en la tendencia es una de las estrategias más efectivas y populares en los mercados financieros. Sin embargo, para aprovechar al máximo las tendencias, es fundamental tener un plan de trading bien definido. Un plan de trading no solo te proporciona un marco claro para tomar decisiones, sino que también te ayuda a mantener la disciplina y a evitar operar impulsivamente. En este capítulo, te guiaré a través de los pasos esenciales para construir un plan de trading basado en la tendencia, explicando cada punto de manera sencilla y directa.

Lo primero que debes considerar al construir tu plan de trading es definir tus objetivos. ¿Qué es lo que esperas lograr con el trading? Tus objetivos pueden incluir desde generar ingresos adicionales, hasta lograr la independencia financiera. Sea cual sea tu meta, debe ser específica, medible, alcanzable, relevante y con un plazo determinado (SMART por sus siglas en inglés). Por ejemplo, en lugar de simplemente decir "quiero ganar dinero con el trading", podrías establecer un objetivo como "quiero obtener un rendimiento del 10% anual sobre mi capital en los próximos tres años operando en tendencias". Definir tus objetivos te dará una dirección clara y te ayudará a medir tu progreso.

Una vez que tengas claros tus objetivos, el siguiente paso es definir tu estilo de trading. En el contexto de las tendencias, esto significa decidir si te enfocarás en tendencias a corto plazo, medio plazo o largo plazo. Cada uno de estos enfoques tiene sus propias características, ventajas y desventajas. Las tendencias a corto plazo pueden ofrecer más oportunidades de trading en un periodo breve, pero también requieren un seguimiento constante y pueden ser más volátiles. Las tendencias a largo plazo, por otro lado, pueden proporcionar movimientos más amplios y sostenidos, pero requieren paciencia y la capacidad de soportar retrocesos temporales. Tu elección debe basarse en tu personalidad, tiempo disponible y nivel de experiencia.

Después de definir tu estilo de trading, es crucial seleccionar los mercados en los que operarás. No todos los mercados son iguales, y algunas tendencias pueden ser más fáciles de identificar y aprovechar en ciertos mercados que en otros. Por ejemplo, el mercado de divisas (forex) es conocido por sus fuertes tendencias debido a la influencia de factores macroeconómicos globales. Las acciones, en cambio, pueden tener tendencias impulsadas por eventos corporativos o económicos específicos. Si prefieres tendencias más predecibles y menos volátiles, puedes considerar operar en mercados más estables como los bonos. Tu plan debe especificar en qué mercados te centrarás y por qué.

Una vez que hayas definido los mercados, es hora de establecer los criterios de entrada y salida de tus operaciones. Este es un paso crítico en tu plan de trading. Necesitas definir exactamente qué condiciones deben cumplirse para que entres en una operación. Por ejemplo, podrías decidir entrar en una tendencia alcista cuando el precio cruce por encima de una media móvil de 50 días y el volumen de operaciones sea superior al promedio. También es importante definir cuándo saldrás de una operación, ya sea para asegurar ganancias o para limitar pérdidas. Esto podría incluir usar un stop-loss, que es un nivel de precio en el que cerrarás la operación si el mercado se mueve en tu contra, o un objetivo de ganancias donde cerrarás la operación una vez que hayas alcanzado un nivel de beneficio deseado.

La gestión del riesgo es otra pieza clave en cualquier plan de trading basado en la tendencia. El riesgo es una parte inevitable del trading, pero puedes gestionarlo de manera efectiva para proteger tu capital. Una regla básica es nunca arriesgar más de un pequeño porcentaje de tu capital total en una sola operación, generalmente entre el 1% y el 3%. Esto te permite soportar una serie de operaciones perdedoras sin comprometer tu cuenta de trading. Además, deberías considerar cómo diversificar tu riesgo operando en diferentes mercados o activos, en lugar de concentrar todo tu capital en una sola tendencia o sector. La diversificación puede ayudar a equilibrar las pérdidas en un mercado con ganancias en otro.

Otro componente fundamental de tu plan de trading es la gestión emocional. El trading puede ser emocionalmente intenso, especialmente cuando el mercado no se comporta como esperabas. El miedo y la avaricia son dos emociones poderosas que pueden llevarte a tomar decisiones impulsivas y costosas. Tu plan debe incluir estrategias para mantener la calma y seguir tu plan, incluso en momentos de alta volatilidad. Esto podría incluir establecer reglas claras sobre cuándo tomar un descanso si sientes que las emociones están afectando tus decisiones, o usar técnicas de mindfulness para mantener la concentración y la claridad mental.

Además, un buen plan de trading basado en la tendencia debe incluir un proceso de revisión y mejora continua. El mercado es dinámico y cambia constantemente, por lo que lo que funciona hoy puede no ser efectivo mañana. Debes revisar regularmente tus operaciones pasadas para aprender de tus éxitos y errores. Llevar un diario de trading puede ser una herramienta útil en este proceso, permitiéndote registrar cada operación, los motivos detrás de tus decisiones y los resultados obtenidos. Con el tiempo, este hábito te ayudará a identificar patrones en tu propio comportamiento y en el mercado, lo que te permitirá ajustar y mejorar tu estrategia.

Finalmente, es crucial mantener la disciplina. Tener un plan de trading es solo la mitad del trabajo; la otra mitad es seguirlo rigurosamente. La disciplina es lo que separa a los traders exitosos de los que fracasan. Incluso si tienes la mejor estrategia del mundo, si no la sigues con disciplina, no obtendrás los resultados deseados. Esto significa adherirte a tus reglas de entrada y salida, gestionar el riesgo según lo planeado, y no dejarte llevar por las emociones del momento.

En resumen, construir un plan de trading basado en la tendencia requiere una reflexión cuidadosa y un enfoque metódico. Desde definir tus objetivos y estilo de trading, hasta gestionar el riesgo y mantener la disciplina, cada paso es esencial para tu éxito en el mercado. Un buen plan de trading no solo te proporciona una hoja de ruta clara, sino que también te protege de los peligros de operar impulsivamente y sin dirección. Recuerda que el trading es un maratón, no una carrera de velocidad, y un plan sólido te ayudará a mantenerte en el camino hacia tus objetivos a largo plazo.